幼儿园体育教学创新与实践

辛小勇 著

·广州·

图书在版编目（CIP）数据

幼儿园体育教学创新与实践 / 辛小勇著. -- 广州：华南理工大学出版社, 2025. 6. -- ISBN 978-7-5623-7871-6

Ⅰ. G613.7

中国国家版本馆CIP数据核字第2024TJ5601号

YOUERYUAN TIYU JIAOXUE CHUANGXIN YU SHIJIAN
幼儿园体育教学创新与实践
辛小勇　著

出 版 人：房俊东
出版发行：华南理工大学出版社
　　　　　（广州五山华南理工大学17号楼，邮编510640）
　　　　　http://hg.cb.scut.edu.cn　E-mail:scutc13@scut.edu.cn
　　　　　营销部电话：020-87113487　87111048（传真）
责任编辑：黄冰莹
责任校对：盛美珍
印 刷 者：广东虎彩云印刷有限公司
开　　本：787 mm×960 mm　1/16　印张：6.25　字数：130千
版　　次：2025年6月第1版　印次：2025年6月第1次印刷
定　　价：42.00元

版权所有　盗版必究　　印装差错　负责调换

前　言

本书中，笔者选取当下同行最关注的幼儿园小场地体育教学作为起点，通过对多个室内外大、小场地教学案例进行深入剖析，比较详细地介绍了幼儿园体育教学的基本情况以及笔者在幼儿园体育教学的实践经验，希望能为一线幼儿教师提供参考。

本书分为三章：第一章幼儿园小场地体育教学，介绍了幼儿园教师普遍关心的小场地主器械及辅助材料的使用、小场地体育教学游戏的玩法等，以激发幼儿主动学习的兴趣、促进其身心健康为宗旨，对小场地体育教学中普遍存在的问题进行了细致的分析。第二章幼儿园体育教学案例分析，选取了七个教学案例作为参照，内容涉及平衡、跳跃、爬行、侧滚翻、旋转等多种动作，依据实例中的既定条件进行了分析。第三章幼儿园体育教学创新设计，介绍了在教案设计时最常用的方法，如自主循环法、角色激活法、道具互动法、难度递进法、危险破除法、动作探索法等。通过具体案例的解读，力求能启发教师掌握提升教学质量的具体方法，使教师能够清晰地把握幼儿园体育教学游戏设计的内在规律和操作步骤。

全书内容主要基于笔者在担任广东省学前教育名师工作室主持人期间为学员提供的专业指导实践，运用简洁质朴的语言，提供一些具有操作性的参考，希望借此能激发幼儿园教师对体育教学设计的灵感，并使其对教学创新产生浓厚兴趣，能够触类旁通，创新幼儿园体育教学的方法。

书中所阐述的观点仅代表笔者个人立场，不成熟之处，恳请读者予以谅解。

辛小勇

2025 年 1 月 10 日

目 录

第一章　幼儿园小场地体育教学

第一节　小场地主器械及辅助材料的使用 …………………………… 1
第二节　小场地体育教学活动的组织 ………………………………… 5
第三节　小场地体育教学游戏玩法介绍 ……………………………… 9
第四节　小场地体育教学设计中的困惑 ……………………………… 16
第五节　助力小场地体育园本课程提质的区域研训机制 ………… 21

第二章　幼儿园体育教学案例分析

第一节　中班体育教学活动"小羊过桥" …………………………… 27
第二节　中班体育教学活动"蚂蚁搬家" …………………………… 32
第三节　中班体育教学活动"一起种花吧" ………………………… 36
第四节　中班体育教学活动"小壁虎探险" ………………………… 40
第五节　大班体育教学活动"烤肠滚滚" …………………………… 45
第六节　大班体育教学活动"小小鸵鸟跑" ………………………… 48
第七节　大班体育教学活动"有趣的弹弹球" ……………………… 52

第三章　幼儿园体育教学创新设计

第一节　幼儿园跑步类教学设计 ……………………………………… 55
第二节　幼儿园跳跃类活动教学设计 ………………………………… 64
第三节　幼儿园体育教学游戏设计的"三要素" …………………… 75
第四节　幼儿园教学、教研实践中的杂思 …………………………… 78

第一章　幼儿园小场地体育教学

第一节　小场地主器械及辅助材料的使用

一、小场地主器械

小场地运动空间主要分布于幼儿园的走廊、多功能室、教室、寝室以及礼堂等地，其特点为面积有限、形状不规则，且通常缺乏专业的运动器械。常见的运动器械多由日常用品构成，例如桌子、椅子、鞋盒和小板凳等；此外，还包括其他轻便的器械，如海绵球、敏捷梯、瑜伽垫等，这些器械的优势在于它们的便携性、易于存储且不占用过多空间。这些日常用品和轻便器械通常被称为小场地运动主要器械（以下简称"小场地主器械"）。

小场地的器械必须具备以下特点，才可被视为小场地主器械。

1. 能方便存取

为了确保小场地的器械使用方便，材料应易于存取，无论是放置在器械柜、挂在墙壁上，还是存放在幼儿的书包中，都应便于随时取用。

例如，跳绳可以轻松地被放入书包，幼儿在家中、课室等地随时可进行跳绳活动，使用完毕后幼儿可轻松将其收回到书包中；在活动需要使用桌子时，教师可以迅速布置出一个运动场景，让幼儿参与钻爬、支撑翻越、投掷、跳跃等游戏，活动结束后，可将桌子迅速恢复原位；在走廊使用敏捷梯时，可以让幼儿分组体验，通过创新跳跃动作和变换身体姿态来获得成就感，并且活动结束后幼儿能够自主地将敏捷梯收回到器械柜中。

2. 能一物多玩

主器械之所以能够占据主导地位，是因为它具备了更多的运动功能，使人们能够亲身体验到其运动价值。主器械具备多功能性，其变化能够为运动带来更多的可能性，通常称之为"一物多玩"。

例如，将一条绳子平放在地上，幼儿可以左右跳过它。由于绳子的柔软性，它还可以用来围成一个圈，让幼儿跳过这个圈，这样不仅增加了跳跃的距离，也提升了运动的难度。此外，将绳子两头搭在椅子上，便可创设出一定的高度，使幼儿跳得更高。这仅仅是一条绳子所能发挥的作用，如果增加更多绳子，运动场景将发生更多的变化。

3. 能多种搭配

小场地主器械绝非孤立存在，它们通常与周边器械巧妙地"协同工作"。然而，并非所有器械都能实现多种搭配，需要学会如何筛选和识别。这种多样化的搭配技术是解决运动场景化设计的关键所在。

例如，一个矿泉水瓶在狭小的场地内可以作为投掷目标物品，让幼儿做远距离投掷游戏。小矿泉水瓶同样可以替代海绵球作为投掷材料。然而，矿泉水瓶能支持的运动内容类型似乎很有限，其功能也较为单一。但是，也有人建议，可多准备一些矿泉水瓶，让幼儿在有限的空间内踢着玩，这时矿泉水瓶就替代了足球的功能。经过统整分析，发现海绵球不仅具备相同的功能，而且更便于存储及进行多样化使用。在开展踢球游戏时，如果将这两种材料放在一起，多数教师会选择海绵球作为主器械；如果现场资源不足，没有海绵球且没有其他合适的小皮球时，才会考虑选择矿泉水瓶来做主器械。

二、小场地辅助材料

辅助材料相较于主器械而言，具有更高的机动性和多样性，提供了更广泛的选择空间，这在很大程度上取决于教师的教学经验。除了主器械之外，所有其他材料都可被视为辅助材料。例如，在一项跳跃类游戏中，如果呼啦圈是主器械，那么幼儿手中的矿泉水瓶、海绵球、鞋盒等均可视为辅助材料。辅助材料的规模可大可小，数量可多可少，其投放应与周围空间相适应，旨在可灵活地组织活动，并确保游戏内容丰富、形式多样。与主器械相同，辅助材料通常由日常生活中常见的材料和购买的轻型器械构成，其应满足以下三个基本要求。

1. 能持续激趣

主器械的功能存在一定的局限性，它所提供的运动体验并非无限。相比之下，辅助材料能够不断激发更多有创意的体验，为主器械提供有力的补充和支持。辅助材料种类繁多，不仅包括各种教学器械，还涵盖了众多生活用品、动植物、自制品等。如果说主器械倾向于专注某特定的功能，那么辅助材料则是在多个维度上展开。换言之，主器械设定了主要的运动框架，而辅助材料则为游戏的组织和形式增加丰富的层次。教师在分析主器械带来的运动体验的同时，也能够通过创造性的辅助材料激发新的创意表现，从而使幼儿持续获得乐趣和成就感。

假设平衡木是主器械，幼儿在上面练习走平衡。在教师的鼓励下，他们可以尝试正面走、侧向走、倒着走、模仿小矮人的步伐，甚至旋转身体移动，这些活动充分激发了幼儿的主动性和创造力。为了增加趣味性，可以引入一种辅助工具，比如羊角球，让幼儿提着羊角球走过平衡木。甚至为了使活动更加吸引人，教师可以建议幼儿将球举过头顶或置于背后，灵活地进行体验。当教师从多角度考虑羊角球的用途时，不应只限于手持，还可以探索其他玩法。例如，两位教师可以在平衡木两侧用力将羊角球抛向地面，使其弹起并飞向正在走平衡的幼儿；幼儿则通过改变步伐的快慢来躲避羊角球，从而培养了他们的反应能力。为了持续保持幼儿的游戏兴趣，还可以将羊角球悬挂在终点，鼓励幼儿在跳下平衡木的同时拍打它。悬挂的高度可以根据幼儿的能力水平逐渐调整，这可为幼儿带来适度的挑战体验。

2. 能调节难度

辅助材料的引入应为幼儿提供适度的挑战，以促进他们从当前的水平向更高水平发展。幼儿在动作技能方面的挑战体验尤为重要，一旦出现挑战性的动作，就需要一个合适的环境来支持。换言之，如果环境设计得不恰当，就难以激发幼儿进行深入体验挑战性的动作。为了确保环境能够持续提供不同难度的挑战，需要不断调整辅助材料，或者将多种辅助材料组合使用以支持新的挑战。然而，在实际教学中，教师通常不希望使用过多种类的辅助材料，认为1～3种就足够了。这就更多地考验了教师的智慧：如何使辅助材料"充满活力"，并根据幼儿的实际能力逐步增加难度，且不会带来更多操作上的繁琐环节。

如果幼儿从高台上跳下，可以利用呼啦圈作为辅助工具为其增加活动挑战性。首先，可以调整呼啦圈与跳台之间的距离，让幼儿跳入其中。其次，可以将多个呼啦圈平铺于地面，随机调整呼啦圈的间距。要求幼儿在跳下时精确地将双脚落在指定的两个呼啦圈内，至于幼儿跳下时的动作及手持什么样的玩具跳下，均由幼儿自主选择。最后，可将大呼啦圈悬空，置于凳子或泡沫砖上，以确保幼儿跳入后能保持平衡，避免触碰。如果悬空的呼啦圈位置较高，幼儿可以尝试从下方钻过；若位置较低，则可从上方跨过。另外，幼儿跳下时，也可以选择手持呼啦圈跳跃，例如，让幼儿手持两个小呼啦圈跳入一个悬空的大呼啦圈内，或者手持一个大呼啦圈跳入。这些难度设置都极具创意。

3. 能简单操作

器械的操作者除了教师，还有幼儿，因此辅助材料必须轻便、简单且安全可靠。在投放辅助材料时，应优先考虑多让幼儿进行操作，尽量减少教师的长时间操作，将器械的操作自主权交给幼儿。如果一次小型场地活动需要2或3名教师协助，那么这样的活动可能不值得进行。教师在设计小型场地活动时，选择辅助材料应旨在减轻自己的负担，而不是给自己增加负担。这里提到的"操作"是指由幼儿或主课教师来完成，而非配课教师。配课教师可以为幼儿擦汗或处理其他事务，但应尽量避免操作场地上的辅助材料，除非是主课教师特别需要帮助。应确保幼儿的注意力集中在主课教师身上，以便他们能学习到更多相关的运动经验。那些动辄需要3～5名教师协助场景变化的运动，不仅消耗大量人力资源，而且不利于游戏的普及。

例如，在幼儿进行投掷活动时，教师可设置一些倒挂的雨伞，供幼儿将球投向其中。为了激发幼儿的兴趣，雨伞需要动态变化，时而升高，时而降低，时而左右摇摆。这时，教师可能会首先考虑由教师来操控，以确保活动的灵活性和良好的师生互动状态。然而，究竟是由主课教师还是配课教师来操作雨伞呢？笔者认为，让教师来操作并非最佳选择。相反，应该将操作权交给幼儿。为了使雨伞能够上下升降，可以用绳子绑住雨伞的把手，并将其挂在树枝上，然后让一名幼儿拉动绳子，以改变雨伞的高度。若要使雨伞左右摇摆，可以在雨伞边缘绑上另一条绳子，让幼儿拉动它使雨伞产生左右晃动。若想让雨伞在操场上移动让幼儿追逐投掷，可以用纸箱固定雨伞，并用绳子拉着纸箱移动，这样就能实现雨伞的远距离移动。

第二节　小场地体育教学活动的组织

灵活组织小场地体育活动依赖于教师的创造力，而教师采取何种方式来组织活动则需根据场地条件和幼儿的特性来决定。教师在组织教学活动时的基本要求是确保内容的多样性和形式的丰富性，以此激发幼儿的主动学习兴趣，确保他们获得足够的运动量并提高动作技能，进而有助于幼儿的全面健康成长。灵活组织即机智应对，意味着教师不仅要能够处理常规问题，还要能够积极应对可能发生的特殊情况。

在南方地区，由于每年3月至5月期间多雨，幼儿的体育活动常常不得不转移到室内，如在课室或走廊进行。面对这样的情况，许多教师最初可能会感到困惑，不知如何安排体育活动。然而，当他们看到其他幼儿园的创新实践案例时，会发现这些活动其实很简单，只要灵活组织，并不难实现。接下来，笔者将通过具体例子分析在不同小场地进行体育活动的有效方法。

1. 课室

通常，在教室中摆放着桌子、椅子、书籍、书包、多媒体电脑以及各种游戏材料和工具。桌子和椅子是教室中最基本的设备，而书籍、书包以及其他游戏材料则可作为辅助工具。仅桌子本身就有多种用途，可以用来做钻爬、支撑翻越、投掷、追逐跑、走平衡和攀登等游戏活动。同样，椅子也具有多种功能，可以用其做跳跃、走梅花桩、投掷等游戏活动。在教室里，合理地摆放桌子和椅子，可以实现多种游戏活动。可将班级中的幼儿分成两组，每组的人数由教师根据情况自行决定，通常情况下，一个教室可以容纳16～20名幼儿进行游戏活动。

常见的组织形式包括班级内的大循环或幼儿分成四组进行体验，但这并非幼儿获取运动量的关键。最重要的是游戏内容的设计，需要动静结合、内容多样，以增强幼儿运动的内在动力。例如，如果幼儿仅在教室内玩走平衡游戏，即使连续进行30分钟，运动量也是不够的。为了确保足够的运动量并丰富活动内容，教师会在走平衡游戏之前设计一些能够提升运动量的体验，如跑步和跳跃。为了进一步激发幼儿的运动兴趣，在终点处还可设计一些投掷类游戏，让幼儿体验更多的成就感。一些幼儿园利用场地优势，将教室与走廊打通，形成更大的运动空间。如果人手充足，还可以将教室与休息室连接起来，确保所有幼儿都在教师的视线范围内活动。这些灵活的组织方式只是其中一种而已，游戏中发生的变化更加多样，尤其是辅助材料的使用更加多变，一本书、一个书包、一个鞋盒都能为幼儿带来丰富的运动体验。

2. 睡室

幼儿园一般在睡室中配备了床、椅子、书包柜、桌子、衣柜和晾衣架等家具，空间相对狭小，床铺几乎占据了大部分空间。但是这样的睡室的布局颇具特色，因为床铺是固定的，不易移动，使得幼儿在其中穿行宛如置身于迷宫。这样的环境非常适合开展"捉迷藏"或"寻宝"等游戏。床与床之间形成了曲折通道，在这些通道中摆放鞋盒作为障碍物，让幼儿练习跨过或跳过障碍物，为幼儿提供了练习跳跃的机会。有些寝室采用榻榻米设计，无形中可为幼儿提供了进行侧滚翻和爬行游戏的理想场所。

若要增加幼儿的运动量，教师需要发挥创造性，合理调整睡室内的床和椅子的布局，必要时可以进行组合或移动，以拓宽通道。拓宽后的通道可使幼儿在其中奔跑，而外围通道加宽则能让幼儿跑得更远，从而持续增加运动量。想象一下，如果将床组合成"一堵墙"，幼儿可以快速跑来并翻越，或者连续翻越多张床，这样的活动将大大增加幼儿的运动量。进一步设想，让幼儿在翻越时手持辅助工具或背负书包完成特定任务，这样的游戏将更加丰富多彩。

3. 走廊、楼道

在幼儿园走廊或楼道中，通常悬挂着各种吊饰，展览墙、楼梯扶手、台阶、窗户和课室门等元素错落有致。此外，一些书包柜也设置在走廊外侧。有些楼道具有一定的坡度，为攀爬或滑行等游戏提供了便利。攀爬游戏易于组织，只需添加一些绳索即可轻松实现；而滑行游戏则需要借助木板或塑料板，这需要提前购买或自行制作。滑道类似于滑梯，幼儿只需滑下即可，极具吸引力。理想的方式是从一侧楼梯上楼，再从另一侧楼梯通过滑道滑下。在"越野寻宝"游戏中，若将起点设在一楼，终点设在三楼，楼道便发挥了重要作用。楼道通常是幼儿在游戏中的必经之地，可以根据实际情况在楼道上设置一些打卡点，但必须确保这些打卡点的操作简便易行，以免造成楼道拥堵。

尽管走廊较为狭窄，但地面平整，它是连接楼道、课室及睡室的通道，也是通往其他班级的必经之路。单个课室的走廊空间较小，若是并排的两个课室的走廊则宽敞许多。单个课室的走廊最多可容纳 6~7 名幼儿同时做游戏，人数过多则会显得拥挤。若必须在走廊上进行游戏，跳跃类游戏是不错的选择。可以使用呼啦圈、绳子、敏捷梯或悬挂小球等，让幼儿在跑跳中获得较多的运动量。走廊两侧的墙面可作为扶手，也可在墙边放置凳子，模拟梅花桩供幼儿练习走平衡。如果走廊的天花板允许，还可以悬挂绳索，让幼儿体验悬垂游戏；不用时将绳索卷起，确保消防通道畅通无阻。

4. 礼堂、会议室

在礼堂或会议室中，通常会配备椅子、会议桌、讲台、音响设备、茶水柜以及文化展览墙等设施。除了基本设施，剩下的多是过道，不利于幼儿运动。在确保安全的前提下，应充分利用会议室内的桌椅来营造一个适合幼儿运动的环境。在宽敞的大厅内进行跑步练习非常有趣，而辅助材料如报纸、杂志等，可以提升游戏的趣味性。

记得有一次，笔者利用会议室的椅子组织幼儿进行走平衡的游戏。将椅子摆成不同的形状，不仅吸引了幼儿的注意力，还由于增加了动作的难度激发了他们的好奇心。会议室中恰好有一根笔直且长度适中的竹子，这就是一个极佳的辅助工具。当幼儿尝试平衡行走时，笔者用竹子轻轻向幼儿扫去，迫使他们低头或弯腰以躲避而继续前进。将竹子放低，幼儿则需抬高腿跨过竹子；若将竹子横放在两个凳子上，幼儿则需快速钻过。活动过程中，让大家"比比谁更灵活"，幼儿玩的劲头可大了；竹子的高度变化，使得幼儿的钻爬动作各异，活动既有趣又充满活力。

小型会议室的桌子通常连接在一起，呈长方形或环形摆放，教师只需将椅子移开便能腾出空间，形成一个圆形或椭圆形的跑道，可组织幼儿做各种动作小点的游戏。礼堂内通常配备有音乐播放设备，这些设备也可用来增强游戏氛围。如果播放的是汽车音乐，幼儿会模仿驾驶汽车的动作；如果播放的是鱼儿游动的音乐，幼儿则会模仿鱼儿游动的样子。幼儿的动作会随着音乐的变化而不断调整，而音乐氛围还能为幼儿营造一个积极的心理环境，进而培养他们的思维能力。

5. 功能室

在功能室内，通常配备了操作台、椅子以及各种功能性玩具等，空间大小适中，不适宜进行剧烈运动。功能室内的操作台和椅子设计独特，一般情况下它们是固定不动的。幼儿初次进入功能室时，会感到新奇，如果到过多个不同的功能室，则会进一步增强这种新奇感。

幼儿喜欢在功能室内寻找物品，因此，可以在功能室开展寻宝游戏。那么，寻宝的路线起点应该设在哪里呢？起点建议选择在楼下或另一个教室，让幼儿拿着定向寻宝地图，独自或结伴进行寻宝活动。有了寻宝路线，在终点再为幼儿布置一些任务，以增加运动量和提升动作技能。例如，当幼儿在终点找到"宝物"后，打开宝盒发现里面有一张任务单（任务单上是幼儿画的图），上面指示他们使用旁边的呼啦圈练习跳跃50次，然后用小印章进行打卡。要提醒幼儿将呼啦圈放在地上，进行50次跳进跳出的练习，随后盖上小印章，以示寻宝任务的完成。在这个过程中，终点处宝盒的设置尤为关键，无论是提供一个任务单、一个工具，还是一个奖励贴纸，都能为幼儿带来意外的惊喜。

6. 天台、架空层

在天台，可投放能够满足幼儿侧滚翻、跳跃、玩球和钻爬等运动项目的器械。而在架空层，器械的选择应以能够满足幼儿玩车、跳跃、玩球、侧滚翻、钻爬和投掷等运动项目为主。鉴于天台和架空层的地面多为水泥材质，存在一定的安全隐患，因此在进行体育活动时，必须采取适当的防护措施。同时，应仔细观察立体空间，寻找可以利用的区域，以构建更为立体的运动环境。如果天台的天花板装有挂钩，可以考虑悬挂一些辅助道具，例如球网、花伞、纸箱、羊角球和呼啦圈等，以增强游戏的趣味性和体验感。

在天台和架空层进行的体育教学活动，通常采用分组轮换的方式组织。这种组织形式便于教师有序地进行指导，即使是经验尚浅的新入职教师也能有效地管理课堂。通过分组轮换，幼儿能够有序地体验各种活动，而教师则可以将更多的精力用于设计幼儿锻炼内容。教师的组织经验主要体现在游戏内容的设计上，这些游戏在确保幼儿安全的前提下，还应兼顾锻炼性、趣味性、教育性和发展性原则。

若天台空间有限，游戏设计时应专注于安全性、锻炼性和教育性，确保活动针对性具体而精确。同时，在趣味性和发展性方面，应进行动态设计，注重体验元素，以促进幼儿全面健康发展。例如，在天台玩拍球的游戏时，教师要注重拍球的动作拓展，提升锻炼效果。可让幼儿蹲下拍球、边跳边拍球、坐姿拍球等，聚焦不同姿势下的拍球动作。如果是在空间相对较大的架空层，教师可以采取多维度的组织方式，全面展开活动。在这样的空间里，教师既可以专注于某一特定的运动项目，也可以同时兼顾多个项目，以促进幼儿体能素质的均衡发展。在趣味体验方面，还可以深入挖掘现场空间，融入日常生活中的锻炼元素与材料，以实现资源的优化配置。

第三节 小场地体育教学游戏玩法介绍

一、跳跃游戏"老狼老狼几点钟"

1. 玩法介绍

在教室里，教师首先将一排凳子整齐地摆放在一起作为起点（当作小白兔的家），让幼儿们坐好并耐心等待。接着，教师分发一些跳布袋给幼儿，让他们先练习一下跳布袋的技巧，随后回到凳子上，准备"迎接"老狼的出现。教师邀请3名幼儿扮演老狼，他们也要跳布袋，并按照指令在前方领路。其他幼儿扮演小兔子，跟随老狼一起跳跃前进，同时齐声询问："老狼，老狼，几点钟？"如果老狼回答"1点钟"，那么幼儿们就向前跳一次；如果老狼说"6点钟"，幼儿们则向前跳6次，依此类推。当接近终点时，老狼会说："12点钟，午餐时间到了，是时候抓小兔子了。"这番话让紧随其后的小兔子惊慌失措，急忙转身跳回起点，小兔子只要坐在凳子上就安全了。在下一轮游戏中，可以安排另外3名幼儿轮流扮演老狼的角色。同时，根据游戏的组织情况，可以考虑增加扮演老狼的幼儿数量，以提升游戏的挑战性。

2. 分析

这个游戏的趣味之处在于小兔子与老狼一同外出，一边行进一边呼喊。小兔子必须随时准备返回家中，否则就有被老狼捕获的风险。有趣的是，尽管老狼意图捉住小兔子，却并非易事；老狼"不擅长跳跃"，而它尝试跳布袋时，反而减缓了它的追捕速度。即使有的小兔子跳跃能力出众，但在众多伙伴纷纷向家的方向跳跃时，不慎碰撞亦可能导致跌倒而"被老狼捕获"。此外，那些跳远能力较弱的幼儿，更容易成为"老狼的目标"。

在这一有趣的场景中，老狼在准备抓捕小兔子之前，其语言中必然含有某种暗示。例如，当老狼提到"12点钟，午餐时间到了，是时候抓小兔子了"，这实际上预示着老狼即将转身开始追逐小兔子。然而，当老狼说完这句话并转身回来时，他发现机警的小兔子已经逃之夭夭。由此可见，老狼捕捉兔子的过程中存在一个时间差。如果老狼的话说得快一些，他就能迅速转身去追赶兔子；如果他说得慢一些，小兔子们可能已经全部逃散。至于老狼的话应该说得快一些还是慢一些，这取决于活动面对的是哪个年龄段、具备何种能力的幼儿。

需要注意一个关键问题：幼儿的运动量是否能够得到保障？跳布袋游戏本身运动强度高，且具有一定技术难度，因此，游戏的频率不宜过高，要劳逸结合、动静交替。教师事先准备一些凳子供幼儿休息，是一个非常明智的做法。然而，由于跳布袋与经典游戏的结合，其吸引力巨大，幼儿往往难以安静坐定。这款经典的游戏允许幼儿独立操作，教师可将老狼的数量从3只增至5只或6只。这样一来，教师便有更多时间纵观全局，更充分地观察每位幼儿的体力消耗情况，以识别潜在的安全风险，并及时做出相应的调整。

二、球类游戏"气球飞起来"

1. 玩法介绍

在教室里，于墙壁中央悬挂一条绳索，其高度大约为1.6米。若参与者众多，则可增加更多绳索。通常情况下，一条长约6米的绳索足以让7名幼儿同时进行游戏。教师为每位幼儿发一个气球，颜色各异，以便幼儿们能够轻松辨认自己的气球。游戏开始，幼儿们便将气球拍向空中，并用手指或手掌连续击打气球，使其飞越绳索。接着，幼儿们迅速跑到绳索的对面，以相同的方式将气球击打回绳索这边。教师可以设定一个目标次数，例如，只要气球被击打过10次，就算完成任务。

当幼儿掌握了基本的游戏规则后，教师可逐步提升游戏难度。首先，教师可引入硬纸板作为辅助材料，让幼儿用它来击打气球。接着，在第二次游戏中，教师引入纸棒，幼儿同样用它来击打气球。到了第三次，可提供矿泉水瓶作为辅助工具，这次要求幼儿们用双手拿矿泉水瓶来击打气球。在游戏中，如果气球落地，但击打气球次数未达到10次，幼儿必须重新开始游戏。一旦连续三次成功完成游戏挑战，他们便可以自由选择辅助材料并发挥创造力，使用不同的方式来击打气球。

2. 分析

气球在空中飘动，幼儿们会感受到成就感。在击打气球的过程中，他们从最初用手掌击打，逐渐发展到使用各种形状的辅助工具，这不仅富有创意，还是一次挑战游戏技巧的体验。硬纸板的尺寸与幼儿手掌相仿，操作起来相对简单。相比之下，使用纸棒则更具挑战性，幼儿必须更加精准地去击打，否则气球在空中的控制将变得困难。矿泉水瓶由于其不规则的形状，也给幼儿的操作带来了难度，这极大地考验了他们的应变能力。在游戏过程中，幼儿必须保持高度警觉，灵活地运用身体，才能顺利操作。这个游戏无须排队等候，是集体活动中较为自主的游戏。教师只需控制参与人数，向幼儿明确游戏规则和安全注意事项，幼儿便可以自由地进行游戏。

除了不断更换辅助材料，调整绳子的高度也能为这个游戏增添难度。这类游戏既适合室内也适合户外，非常实用。教师只需控制参与人数，预先准备好气球，并拉起一条绳子，游戏便能即刻开始。一些教师尝试用气排球替代气球，但这在室内可能不太方便。气排球过硬，若用力过猛，容易损坏室内的物品。若想创新游戏，可以在组织形式上进行创新。例如，将幼儿分成两队，站在绳子的两侧，将气球打向对方。在这个过程中，可以考虑让一些幼儿站在凳子上击打气球。站在高处的幼儿保持不动，与站在低处的幼儿进行协作。此外，还可以尝试接力击打气球，让一名幼儿在击打完气球后由另一名幼儿接替，这样可以培养幼儿的灵活转换能力。

三、折返跑游戏"比比谁最快"

1. 玩法介绍

在教室里，教师将一张桌子置于中央，其余的桌子则移至该桌子周围，确保周围桌子的数量与参与游戏的幼儿人数相匹配。中央的桌子上摆满海绵球，而外围的桌子保持空置，幼儿们扶着外围的桌子等待指令。当教师宣布"开始"时，幼儿们迅速跑向中央的桌子，每人取一个球后快速返回自己边上的桌子并放置好。幼儿们反复前往中央的桌子取球，直至所有球被取完。随后，教师请幼儿们数一数自己桌子上的球数，以确定谁取的球最多，这代表谁的动作最快。作为奖励，获胜幼儿可获得一个贴纸。

教师可以通过以下几种方式调整游戏难度，以持续激发幼儿的运动兴趣。首先，教师可以让幼儿模仿小矮人走路或行鸭子步来取海绵球，以此来锻炼他们的大腿。其次，教师可以要求幼儿在拿到球后，将其托在掌心并运回起点。最后，教师也可以让幼儿用一张A4纸将球运回指定位置。

2. 分析

在本游戏中，桌子的作用得到了充分的发挥，特别适合在课室内进行。选用的辅助材料也十分普遍，若没有海绵球，纸球或其他轻巧的小玩具均可作为替代品。折返跑的路线主要取决于小场地的空间布局，若往返距离超过5米，已相当难得。以中间的桌子作为取球点，是一种安全的组织方式。这样，参与者不会相互碰撞，返回时的路径分散，有利于加速。游戏难度可灵活调整，幼儿的速度是相对的，若用手掌托球跑，速度自然会减慢；谁托球更稳，其取胜的机会就高。

游戏场景可以设计得更加多样化，但应以简洁易懂为宗旨。例如，若在幼儿的跑道上增设一个鞋盒，他们便需在折返跑时进行跨跳动作；若增加一个拱门，则幼儿需在折返跑时钻过。每种辅助材料都具备其特定的功能，教师应根据实际情况灵活运用。有人可能会提出疑问：在音乐室，若没有足够的桌子，幼儿们进行此类游戏是否安全？没有桌子，球在地上，确实有安全隐患：由于涉及折返跑，需要一定的速度，而每次取球和放球都需蹲下进行，跑得太快而无法及时停下，可能会导致放在地上的球被踢飞；当所有幼儿都聚集在中间取球时，还可能相互碰撞头部。相比之下，球摆在桌子上，幼儿们在取球时只需伸手，这无疑更加安全。此外，桌子与地板相比，适当的高度有助于幼儿们调整自己的速度。即便换成凳子，也无法完全替代桌子的功能。因此，教师必须明确小场地内各种器械和材料的独特价值，这将更有助于安全地设计运动场景。

一旦幼儿对规则有了充分的了解，教师便可以调整游戏的组织方式，以增加游戏的刺激性。例如，当听到哨声响起时，幼儿们将前往任意一张桌子取回小球，每次仅限取一个，并将其放回自己的桌面；在此过程中，自己桌上的小球也可以被其他小朋友取走。当时间结束时，幼儿们数一数自己桌面上小球的数量，拥有小球最多的幼儿为胜者。

四、投掷游戏"看谁投得准"

1. 玩法介绍

在教室内，教师准备5张桌子，并将幼儿分成5个小组，让幼儿进行海绵球投掷游戏。在每张桌子上摆放一个纸箱，这些纸箱可以大小不一、形状各异，以确保游戏难度。幼儿的投掷点与纸箱的距离大约为3米，根据幼儿们的表现，可以适当增加这个距离。让幼儿轮流进行投掷，每次投掷完毕后，幼儿需要捡起球并返回到自己的位置上，等待下一轮的投掷机会。

在组织教学活动时，教师可以从多个角度设置游戏难度。首先，在目标区域，教师可以通过堆叠纸箱并调整其高度或调整距离来增加难度，以适应现场的具体条件。其次，在投掷起点，教师可以指导幼儿采取趴卧、坐姿或站立姿势进行投掷，整个过程始终要将安全放在首位。再者，在投掷过程中，教师可以使用可调节高度的折叠垫模拟障碍物，以此影响幼儿的投掷路线判断，从而增加活动的难度。最后，教师还可以更换投掷的主要材料，但需确保材料的大小适中，避免损坏教室内的其他物品。

2. 分析

这类游戏的实现相对简单，仅需几个纸箱和一筐海绵球，便能灵活地组织起来。在组织形式上，幼儿既可以分成若干小组，进行排队接力游戏，也可以围绕一个或多个投掷目标开展自主游戏。教师通常认为，投掷活动主要是站立进行的，很少意识到坐着投掷同样具有挑战性。由于活动通常在室内进行，因此天花板的利用变得尤为重要。天花板必须设置配件，方便悬挂各种材料，如呼啦圈、羊角球、雨伞、公仔玩具等，以增加活动的趣味性。设想一下，当幼儿投掷的球首先穿过悬挂的呼啦圈，随后落入纸箱中，这样的投掷轨迹无疑会进一步激发幼儿对游戏活动的兴趣。在布置活动环境时，教师还需注意空间内的其他物品和材料以确保安全，避免潜在的危险。例如，应尽量避免使用消毒灯、玻璃杯、饮水机、电视机等可能对幼儿造成伤害的物品。

在为幼儿选择投掷材料时，应优先考虑轻巧且柔软的海绵球。此外，可以利用各种辅助材料，如折叠垫、球网、纸箱或小栅栏等来划分出若干相对独立的游戏区域。若投掷游戏是在礼堂或舞蹈室进行，应特别注意扩展运动空间，以便幼儿能够体验更多样的活动，例如在跑跳、钻爬等动作之后再进行投掷。更大的空间为幼儿提供了更多的自由度，允许他们充分自主，并鼓励他们相互合作。

在互动游戏中，鼓励幼儿独立使用辅助材料以增加投掷难度，有助于营造积极的幼儿互动环境。例如，在同伴进行投掷时，其他幼儿可以手持乒乓球拍进行中途拦截，从而创造出一个充满情趣的互动投掷场景。

五、攀登游戏"营救小兔子"

1. 玩法介绍

教师将课室内的桌子两两配对，搭建成一个斜面攀登架，并用绳索固定，确保游戏安全。该攀登架能够支持四组幼儿轮流体验。在终点区域，布置一些小兔子贴纸并放置一个篮子。幼儿从起点出发，经过一段短跑后（需设法翻越攀登架），抵达终点，并将小兔子贴纸放入篮子中，象征着小兔子被成功解救。返回起点时，幼儿可以直接跑回，这样能增加整个小循环的运动量。一旦幼儿对游戏有所熟悉，便可以组织四组幼儿以接力形式进行"营救"比赛。

为了提高游戏难度，可以引入游戏情节和故事元素、增加辅助材料，使爬行活动更具挑战性。例如，小兔子的腿被大石头压住，幼儿需使用道具如纸棒来撬开石头，以救出小兔子；或者，可以设计另一个情节，比如有小兔子受伤了，幼儿则需携带包扎工具爬过攀登架，去救助受伤的小兔子。游戏的主场景保持不变，而幼儿手中使用的辅助材料则根据游戏情节的变化而合理变换，使得游戏创意无限，变化多端。

2. 分析

这个游戏非常适合在室内进行，只需合理搭建并固定桌子，便能组织安全的攀登活动。其独特之处在于桌子的高度通过巧妙的组合搭建，形成一个不规则的攀登结构，从而在视觉上激发幼儿攀爬的欲望。在游戏的情境设定中，幼儿可以扮演营救小兔子的角色，或是其他各种角色。

由于攀登架是固定的，任何调整都将耗费大量时间。此外，每次调整，桌子还需要用绳索牢固地固定，导致在时间和空间上的变化而占用幼儿进行运动的时间。因此，通常情况下攀登架应保持不变，只需进行前后或左右的移动。教师可以将注意力转向辅助材料，遵循从小到大、从轻到重的选择原则。辅助材料的引入可能会分散幼儿的注意力，同时增加攀登的难度。一些幼儿能力较强，能够一手拿着辅助材料成功攀登；而能力较弱的幼儿，则需要探索其他方法，进行创造性的攀登尝试。在室内攀登游戏的创设过程中，教师单纯增加高度并不是提升难度的有效途径；相反，增强幼儿游戏的自主性和操作难度才是更为合理的做法。

在幼儿的游戏活动中，所选用的操作性辅助材料的差异会影响他们攀登的效果。因此，教师在提供这些材料时必须预先设想这些材料在游戏空间中可能产生的实际运动效果。例如，在攀登过程中，幼儿背着书包与手持小球所面临的挑战是不同的，但这些活动本身并无安全隐患。如果在攀登过程中小球不慎掉落，幼儿只需捡起小球重新开始即可。这类操作性材料能够激发幼儿的思维，促使幼儿创新并调整自己的动作以积极适应运动环境。在面对高而危险的攀登架时，教师需要一边扶稳架子，一边密切观察幼儿的活动，然而，在这种情况下，如果幼儿需要个别指导，教师可能会发现自己被场景限制，难以抽身。为了确保在任何情况下为幼儿提供密切指导，教师必须在游戏运动场景的布局上下更多功夫。

六、钻爬游戏"小猫钓鱼"

1. 玩法介绍

在教室里，铺设一条由垫子组成的路径，或者使用专为幼儿午休设计的榻榻米作为主要的爬行区域。明确起点和终点的位置，幼儿爬行路线应根据教室的具体布局来规划。教师需要准备两种类型的辅助材料：第一种是供幼儿在爬行时自主操作的工具，第二种是用于在爬行过程中为幼儿设置障碍的物品。第一种可以是泡沫棒、纸球、鞋盒等，而第二种辅助材料可以包括拱门、轮胎、自制套圈等。

游戏启动时，先让幼儿从起点依次跑到终点，此时不设置任何障碍，一旦幼儿对基本路线熟悉后，就可以引入变化和调整。第一轮调整是展示泡沫棒、纸球、鞋盒等物品，让幼儿亲自操作，尝试快速到达终点。第二轮调整是引入拱门、轮胎、套圈等障碍物，为幼儿的爬行增加难度，帮助他们克服困难，提高应变能力。在爬行过程中，教师可以扮演小猫，用套圈"捕捉"幼儿扮演的小鱼，而幼儿则需机智地躲避。此外，教师在设计情景时，应充分考虑辅助材料的特性，赋予其有趣的灵魂，确保辅助材料与游戏紧密结合，让幼儿感到愉悦并乐于参与其中，灵活地操作这些材料。

2. 分析

该游戏属于较为简单的钻爬类游戏，其障碍设计和操作均易于实现。此类游戏的核心点在于互动性，尤其是幼儿之间的互动比师幼互动更为复杂。幼儿间的互动实现了游戏的自我循环，而师幼互动则需依赖教师的必要介入才能持续，两者在循环机制上存在显著差异。在幼儿间的互动中，幼儿真正成为游戏的主导者，能够自主调整游戏难度。为了促进幼儿间的互动，需要借助一些辅助材料，例如自制的套圈便具备这样的互动功能。在使用任何一种辅助材料之前，教师必须先行示范，指导幼儿如何独立操作。

在进行套圈游戏时，应设计适合幼儿抛投的有利地形和场景。此外，套圈的尺寸和长度应尽可能地适合幼儿独立操作。除了爬行，还应注重幼儿钻爬动作的训练。幼儿可以利用钻爬材料躲避套圈，当套圈投掷过来时，若套在拱门上，幼儿便可以利用这个机会快速爬向终点，"成功脱险"。在游戏中，可以使用多种辅助材料进行创意布局，例如除了拱门，还可以使用绳索、窗帘布、钻筒等。

钻爬游戏与攀登游戏在某种程度上相似，但钻爬游戏更多地涉及贴近地面的活动。相比之下，攀登动作更侧重于从低处向高处的移动，即自下而上地行进。钻爬运动有助于提升幼儿敏捷运作的能力，而攀登运动则在这一基础上培养幼儿探险的勇气，可减少其对高度的恐惧，并提高其空间适应能力。

七、走平衡游戏"变化的小路"

1. 玩法介绍

教师利用课室内的椅子作为主要材料，将椅子排成四列，确保椅子的靠背朝向同一方向，并使椅子之间有适当的间隔。接下来，让幼儿从起点开始，依次穿越由椅子构成的小径。一旦幼儿对路线熟悉，教师可对小径进行五次调整，以逐步增加走平衡的难度。

第一次调整，椅子间的距离将被扩大10～15厘米，使椅子变成"梅花桩"供幼儿体验。第二次调整，利用椅子的靠背为走平衡设置障碍，幼儿必须抬高腿跨过椅背。第三次调整，结合前两种变化，将行进路线改为S形，加大椅子间的距离。第四次调整，引入辅助材料，如绘本、鞋盒和海绵球，让幼儿手拿这些物品穿越椅子。最后一次调整，准备一些跳绳，让幼儿两人一组拉着一根跳绳一起穿越椅子。

2. 分析

进行走平衡游戏时，首先应让幼儿专注于主器械的使用。椅子作为核心器械，由于其配备靠背且受踩踏时稳定性强，展现出极高的可塑性。将椅子置于墙边，幼儿可借助墙面扶手安全地走过，这将增加安全性。将椅子排列成一排，可将其转变为平衡木供幼儿练习走平衡。若椅子之间具一定间隔，则椅子可视为梅花桩，为幼儿提供不同的挑战。此外，若把一些木板作为辅助材料配合使用，与椅子进行创意组合，将极大地增强游戏效果。

在进行走平衡游戏时，应特别关注设计互动性强的幼儿合作游戏。这类游戏往往需要借助辅助材料来促进幼儿合作。辅助材料通常较大或较长，以便两名幼儿能够共同操作。例如，一根绳子、一根竹子、一条长凳、一根纸棒或一个简易担架，都可以作为工具让幼儿合作搬运并穿越障碍。此外，教师还可以利用教室内的其他物品作为安全辅助设施。比如，将椅子摆放在桌子旁边，幼儿们便可以扶着桌子安全地走过椅子。这类游戏对于小班幼儿尤其适用，有了可靠的辅助设施，游戏才能安全地进行。

第四节　小场地体育教学设计中的困惑

一、小场地游戏设计技术如何突破

关于这一议题，笔者曾多次与幼儿园一线教师进行深入交流，原因多种多样。总体而言，教师们普遍渴望一种无须过度费神的游戏创作模式，只需遵循既定方法即可轻松实施。经过多年的实践探索，笔者认识到，无论多么好的方法，其技术潜能终有极限。若是一味固执于单一方法，特别是过分纠结细节，就容易导致偏颇，从而缺乏对游戏设计整体性的考量。

笔者对体育游戏的创新的步伐从未停歇，原因在于体育游戏的创作并非局限于几种固定模式，教育技术领域要求一线教师要持续创新。正如一位记者在采访演员周星驰时提到，周星驰在电影《功夫》中运用了其以往作品中的某些元素，大家质疑他是否已才思枯竭。周星驰回应道，其实早在几十年前就有人提出过类似的疑问，但他实际上并未简单复制，而是在旧有基础上进行了创新，这一做法赢得了观众的肯定。

体育游戏设计亦是如此，若教师能在创编过程中巧妙融入天时、地利、人和的有利元素，将开拓出巨大的创作空间。正如在电影《少林足球》中所展现的，起初有人设想将少林功夫与唱歌跳舞相结合，以一种颇具喜感且看似不切实际的方式来弘扬少林功夫，却遭遇了阻力。然而，在演员吴孟达的启发下，将少林功夫与足球相融合，却意外地激发了创意，并吸引了全球观众的目光。因此，要相信体育游戏同样可以与其他领域进行创新性融合。例如，在体育游戏中，让幼儿在完成跨跳动作后攀爬至高处，并投掷玩具"降落伞"，并观察其着陆位置。在幼儿的戏水池中，投放彩色玻璃球或石子，引导幼儿从A点迅速穿越至B点，寻找并带回特定的石子。通过游戏，幼儿能够亲身体验水的阻力、水的折射现象以及浮力，从而对水的多种特性有直观的认识和感受。当体育游戏与科学领域相结合时，游戏种类更加丰富，探索过程也更加引人入胜。

体育活动还可以与美术相结合，让幼儿在运动的同时进行艺术创作。例如，幼儿们从A点跑到B点，在终点B那里放置一块黑板，每个幼儿手持白板笔进行接力。当他们到达终点时，便在黑板上画上一笔。教师可以设定一个以画人物为主题的活动，观察每组幼儿通过接力创作出的人物肖像有何不同。当然，除了人物主题，还可以将植物、动物、玩具等元素融入游戏中，不断丰富运动的乐趣。至于幼儿从A点到B点的过程中，是选择跨跳、钻爬还是走平衡，这将由教师根据幼儿的动作发展情况来决定。由此可见，跨领域融合设计体育游戏是一个极佳的方法。

此外，笔者了解到教师们实际上非常渴望创新设计一些经典游戏。这些游戏内容丰富多样，常规玩法保持不变，只需在场地布置、使用材料以及角色扮演方面做出一些调整，便能持续激发幼儿的运动兴趣。对于幼儿而言，经典游戏是他们百玩不厌的游戏；而对教师来说，则是一种减轻工作负担的方式。然而，经典游戏往往局限于跑、跳等类型，而涉及投掷、钻爬、侧滚翻、支撑跳等动作的游戏则相对较少，这是许多一线教师感到最为棘手的问题。

以投掷游戏为例，若仅限于注重投掷距离和投掷准确性，而缺少互动性，尤其是缺少策略和对抗的元素，游戏可能会变得单调乏味。教师可以借鉴经典游戏"老鹰抓小鸡"来对投掷游戏进行创新。"老鹰抓小鸡"游戏的情节本身就引人入胜，想象一下，如果老鹰动作敏捷而鸡妈妈反应迟缓，小鸡们将面临极大的危险。反之，若老鹰动作笨拙而鸡妈妈身手矫健，小鸡们则会感到安全许多。这个游戏之所以经典，就在于老鹰或鸡妈妈的角色选择，只有当双方势均力敌时，才能激发出真正的策略和对抗，为幼儿带来更多的惊喜和成就感。

当大家重新审视投掷游戏时，会发现其中缺少了竞争与策略的互动元素。如果幼儿能够轻松地将球投进对面的箱子，并且连续成功3次，他们很可能会感到乏味。教师的第一反应可能是将箱子放得更远或更高，或者改变空间布局，以提升投掷的挑战性。然而，这种调整过程往往涉及教师频繁介入游戏过程。相比之下，传统游戏更注重幼儿之间的互动，鼓励自主性，只要确保游戏安全，教师完全可以扮演观察者的角色。

经过审视，认识到不应让幼儿轻易地将球投入对面的箱子中，而应在过程中引入一个不确定因素来增加难度。笔者发现，不确定性越高幼儿尝试投球的意愿就越强烈。因此，可以首先设置一个"大灰狼"角色，让其徒手站立在箱子前，阻挡幼儿投掷海绵球。即便如此，幼儿仍会尝试各种方法将球投入纸箱。随后，可为"大灰狼"配备网球拍，用以更有效地阻挡幼儿投掷。这个"大灰狼"角色为幼儿在游戏中提供了一个挑战，激发他们克服障碍、与"大灰狼"斗智斗勇的信心。当幼儿最终成功时，他们会因自己的坚持和努力而感到自豪，并对自己能创造性解决问题感到满足，从而体验到主动学习带来的成就感。

经过深入分析，笔者认为可用两种策略来应对教师面临的困惑。首先，应采取包容并蓄的态度，拓宽思维边界，实现跨学科的融合，尽可能地扩展和丰富游戏内容。其次，应继承并创新经典元素，通过创意升级，促进更多幼儿间的互动，激发他们的主动性和创造性。游戏创作本身具有多样性，创作方式远不止于此。我们应善于捕捉日常学习和生活中的教育机会，将其与体育活动相结合，构建一个完善的园本健康课程体系。

二、小场地锻炼效果不明显

游戏是幼儿活动的核心,但并非其唯一目的。在体育领域,游戏旨在达成体育目标;在艺术领域,游戏则服务于艺术目标。作为基本活动,游戏体现了实现体育领域特定目标的过程。观察活动的整个过程,发现它贯穿了体育游戏,特别强调了解决动作发展问题,以促进幼儿的健康成长。如果教师过分关注游戏的组织形式而忽视了促进幼儿动作的有效发展,这将不利于幼儿的健康成长。只有当游戏组织得丰富多彩且充满趣味时,才能有效激发幼儿主动学习的动力,从而可为他们的健康成长打下基础。可以这样理解:通过主动学习的过程,可促使幼儿健康成长;而幼儿健康地成长,才可能持续有主动学习的动力。因此,幼儿的主动学习与健康成长是相互促进的,这表明游戏体验与动作发展同等重要。

经过上述分析,多数教师现在能够全面地探讨游戏体验与动作发展相结合的问题。许多教师面临的难题是,尽管游戏设计得相当不错,但动作发展的目标并不明确、具体,缺乏对动作发展的关键点和难点问题的有效解决方法。另一方面,幼儿的动作发展与其自身的体能素质密切相关。例如,如果幼儿腿部力量不足,他们在立定跳远时的动作表现就难以灵活和协调。如果仅仅关注幼儿动作的灵活性和协调性,而忽视了其大腿和小腿肌肉力量的训练,那么他们在立定跳远上的表现就难以获得根本性的提高。因此,在关注幼儿动作发展时,教师必须全面地透过现象洞察本质,这涵盖了幼儿的力量、耐力、灵敏性、协调性以及平衡能力等综合体能素质。经验丰富的教师通常能够通过幼儿的动作表现来识别其体能上的不足,针对这些体能不足之处,教师能够设计出恰当的体育游戏内容,并通过持续组织体育活动,促使幼儿的体能从量变到质变,实现均衡发展。

幼儿锻炼效果不佳往往是由于体能发展不均衡所引起的。例如,一些幼儿上肢力量较强而下肢较弱,这使得他们在躲闪跑游戏中难以体验到成功的喜悦;相反,另有一些幼儿下肢力量充沛但上肢力量不足,在需要身体悬垂和支撑的游戏中同样难以获得成就感。在组织游戏活动时,不难发现幼儿之间在体能上的显著差异。教师应掌握一系列运动活动的参考标准,以便迅速识别幼儿在哪些方面体能存在不足,并据此设计相应的游戏活动。

在实践研究中,笔者将幼儿当前的运动项目细分为三大类:力量耐力、灵敏协调以及平衡能力。每一类都设计了4个具体的运动内容,总共形成了12个动作发展项目,以便一线教师能够轻松识别。具体来说,力量耐力类包括投掷、悬垂、支撑和跑跳;灵敏协调类则涵盖钻爬、攀登、玩球和追逐跑;而平衡能力类则包含走平衡、侧滚翻、玩车和荡绳。这12个动作发展项目的设计,旨在有效解决幼儿动作发展不均衡的问题,并有针对性地增强幼儿的体能。

在每一类动作练习的过程中,实际上蕴含了多种局部细节动作的拓展。所有动作的发展呈现出既有共同特征又有个别差异的特点，并与日常生活和学习紧密相连。幼儿的体能素质如果得到了均衡发展，他们将能够掌握更多的局部动作拓展。例如，在组织投掷游戏时，除了让幼儿站立进行单手肩上投掷，还可以让他们坐着、趴着投掷；走平衡木时，转身、旋转几圈后投掷，甚至在荡秋千时进行投掷，从而增强适应能力。

如果观察到幼儿在进行平衡与投掷活动时显得不够协调和灵活，这可能意味着他们的平衡能力有待提高。如果幼儿在投掷活动中表现出色，但在融合平衡的投掷活动中显得笨拙，这说明他们的平衡能力限制了整体表现。若超过半数的幼儿呈现出这种状况，那么体育课程就需要增加关于平衡游戏的活动。相反，如果只有少数幼儿遇到这类问题，那么教师应建议家长在周末或晚上多引导这些幼儿参与平衡类游戏。教师只有识别出幼儿的体能差异，才能提供相应的活动支持，从而取得预期的教育效果。

三、如何激发幼儿主动学习的兴趣

在组织小场地体育活动时，确保幼儿安全是至关重要的首要任务。然而，过度的担忧有时会剥夺幼儿自主体验的机会，导致游戏过程显得过于受控。幼儿运动技能的提升，往往是在具有一定挑战性的游戏环境中实现的，关键是要区分游戏的难度与危险性，幼儿可以拥有适度的冒险精神，但绝不能置于危险之中。游戏难度的增加能够激发幼儿主动学习的欲望，促进他们在运动中体验到成就感和内在动力的持续增长。教师希望看到的是幼儿在安全的前提下展现出一定的自主能力，主动迎接挑战，因此教师应提供适度的指导，既不过度限制，也不完全放任。

秉持这样的理念，教师必须精心于游戏难度与规则的设计。游戏是否恰当，直接关系到能否有效地激发幼儿主动学习的热情。若游戏难度过高、规则繁多，且教师频繁干预，幼儿将难以依靠自身的主动探索和体验来应对挑战。相反，若游戏难度过低、规则宽松，且教师完全不参与，幼儿则可能轻松地克服挑战，难以体验到成功的喜悦。这两种极端情况都是应尽量避免的，笔者更倾向于推崇一种合理且适度的游戏组织方式。例如，在设计让幼儿从高处跳下的游戏时，考虑到硬地板的危险性，可将跳台的高度控制在40~50厘米。这样的高度不会过高，既能缓解对安全的顾虑，又不会影响幼儿进行其他类型的跳跃动作。若幼儿不慎单脚着地，这个高度可以减少对膝盖的潜在伤害。同时，若幼儿选择前后脚分别着地，膝盖所受的冲击也不会太大。鉴于幼儿体能存在差异，很难要求幼儿全部做到用双脚同时着地并屈膝缓冲。通过设定一个安全的高度，能够为幼儿提供一个略有挑战性的从高处跳下的游戏环境。在此基础上，提出最基本的规则要求——落地时，要屈膝缓冲，以保持身体平衡。该规则的设定较为合理，避免了过度严苛的要求。所谓"苛刻"，指的是有的教师规定幼儿在落地时必须脚尖分开或并拢；还有的教师要求幼儿落地时蹲下，认为这样能有效减轻身体冲击力。然而，从幼儿的实际情况出发，如果他们的腿部力量足够，仅需略微弯曲膝盖即可实现落地缓冲，无须蹲下。至于落地时脚是否分开，应视地面状况而定，关键是能保持身体平衡。因此，在动作规范上应有一定的弹性，允许幼儿根据自身特点进行适度调整，从而为他们提供更多的自主发展空间。

在运动场景的体验和材料选择上，可以进一步拓展自主选择的范围。以一个大型跳跃类游戏场景为例，它可以包含多个小型跳跃场景。这些小型场景在跳跃动作类型、材料、形式和互动方式上可能各不相同。以其中的动作类型为例，例如，跳台显然是为了从高处跳下而设置。在幼儿攀爬至跳台的过程中，可以融入支撑跳、助跑支撑跳等多种动作，引导幼儿自主掌握动作。

假设要求幼儿从高处跳下时手持海绵球，幼儿自身可能会想选择报纸或纸棒等其他的辅助材料，教师可以预设多种选项供幼儿自由选择，以丰富他们的体验。如果幼儿希望与同伴手拉手一起跳跃，这也是一种互动方式，可以鼓励他们一起拉着泡沫棒跳下。

此外，如果幼儿不倾向于自主游戏，而是想参与多人的集体游戏，可以提供相应的场地和材料，让他们自行组织游戏。笔者观察到，为幼儿提供更大的自主空间，不仅增加了他们体验的频率，也增加了他们主动学习的机会，从而促进了他们的进步。

从另一个角度审视，自主性源自自律，而自律又在自主性的实践中得以锻炼。若不为幼儿提供足够的自主空间，他们将难以获得自我认识和自我控制的机会。相反，当教师赋予幼儿更多的自主空间时，教师常观察到的是他们的自律能力。教师希望他们展现出真正的自律行为，而非仅在老师监督下才表现出的自律行为。显而易见，无须监督的状态也是从最初的监督环境中逐渐培养出来的，真正的自主游戏是无须成人监督的。

第五节　助力小场地体育园本课程提质的区域研训机制

一、主要问题

（1）小型幼儿园幼儿身体素质发展不均衡，多项体能测试数据不乐观。
（2）幼儿园缺乏课程引领力，教师缺少专业引领和支持。
（3）一线教师缺乏小场地体育活动实践与创新能力。

二、规划布局

1. 三期提质

为促进幼儿园实现真正的发展，需按前期、中期、后期分阶段逐步进行教研实践。

（1）前期阶段。首要目标是发现真正的问题。充分利用各种工具，在园方课程领导力和教师实践创新机制上进行整体规划与定向研究。

（2）中期阶段。重点在于提出切实可行的建议。通过全面的调研，整合区内外优秀专家团队资源，解决教学实践中遇到的具体困难，并在小场地体育活动的实践与创新方面取得新的进展和突破。

（3）后期阶段。核心目标是实现真正的改变。通过区级层面的辐射引领，结合区内外平台，推广成果，提升专业自信，从幼儿园的教育技术到教育观念、教学智慧层面，实现质的转变。

2. 三方合力

要实现目标，必须借助三方力量，包括区教育发展研究院幼教科、幼儿园教研团队以及区内外其他幼儿园教师团队。这三个团队各自承担着不同的职责。

（1）区教育发展研究院幼教科主要负责平台设定、评估监督和专业引领，为整个项目提供指导和支持。

（2）幼儿园教研团队则负责组织幼儿进行小场地体育活动实践，并注重创新，注重幼儿的实际体验和需求。

（3）区内外其他幼儿园教师团队则负责开展全要素的调研和成果推广，确保项目成果能够得到认可和广泛应用。通过这样的分工合作，可以充分发挥各方的优势，提高项目的整体效果。

3. 机制导图

机制导图如图1-1所示。

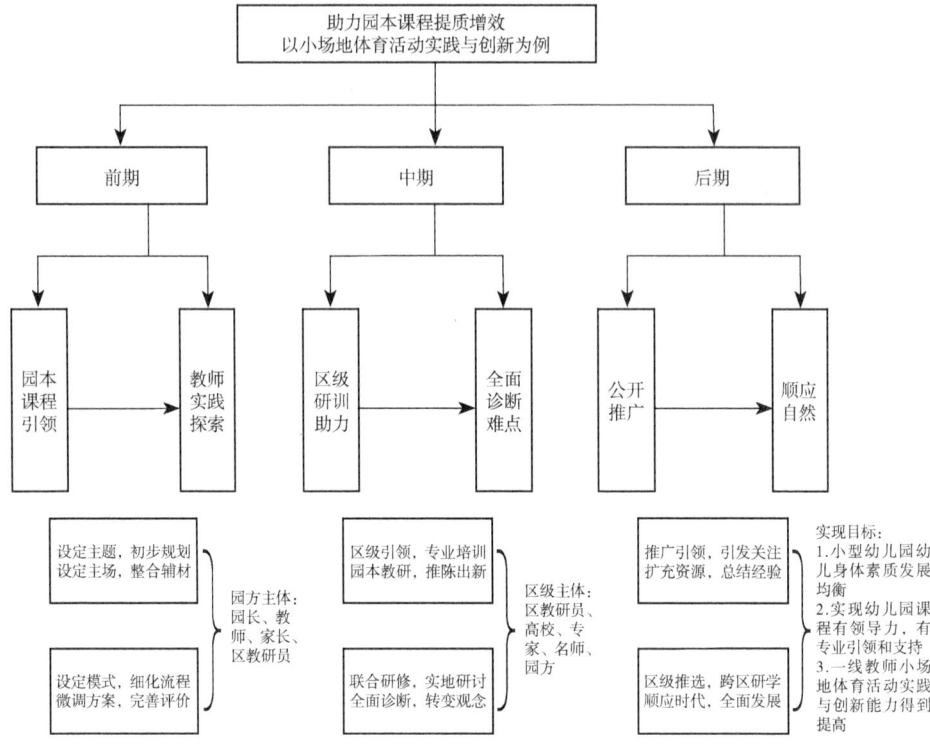

图1-1 机制导图

三、计划推进

1.前期工作

◆ 第一阶段 园本课程引领

（1）设定主题，初步规划

①资源评估与准备。幼儿园先要根据自身的园本课程内容，对体育活动的场地、师资以及周边教育资源进行深入的研究和评估，结合幼儿园的实际情况进行合理的分析，为活动的开展做好前期准备工作。

②全园动员设定主题。幼儿园要召开园本教研动员会议，邀请家长协同共育，家委会成员也要积极参与其中。通过会议讨论，确定幼儿园的整改方向和活动研究主题，为各班级开展小场地体育活动主题研究提供帮助。

③制定日程并积极推进。幼儿园及各班教师积极推进实践研究工作，全园教师均要自上而下制定详细的日程和计划，对整个行动研究过程进行全面而细致地布局和规划。

（2）设定主场，整合辅材

①保障主场材料。全园开始做好全面的规划与筹备工作，了解各班级所要设置的活动主场景和所需的辅助材料，识别并填补缺失材料。幼儿园需全面准备基础设施和各类器械材料，以保障活动的顺利进行。

②补充自制材料。对于能够自行制作的材料，园方应动员教师积极准备，充分挖掘家长资源，加强家园之间的协调与配合。在此基础上，进一步区分主材料和辅助材料，并逐步探讨与室外大型体育活动的不同之处。

③达成设计共识。通过不断地研讨与实践，教师们达成共识，提炼出开展室内小场地体育活动的规律和方式，为幼儿的健康成长提供更加丰富和多元化的体育活动。

◆第二阶段　教师实践探索

（1）设定模式，细化流程

①创建园所运行机制。幼儿园应具备一套行之有效的运作模式，并初步制定出小场地体育活动的运行方案。这一方案应包括各班级活动的时间安排和主题设定。

②细化处理各班场景。在整体布局和实施过程中需注重细节，每个活动流程都应明确，每个小主题特色背后的运行模式和流程都应清晰明了，以确保小场地体育活动能够顺利进行。

③定制各班特色场景。为了激发教师的创新精神，鼓励其根据各班的特点，对运动方案和组织方式进行个性化的定制。幼儿园可以根据各班的室内运动场景进行合理规划，以创造出独具特色的体育活动的组织方式和场景设计。

（2）微调方案，完善评价

①找出实际问题。在园本教研活动中，需要将小场地体育活动中实际面临的问题逐一揭示出来，以便深入探究问题的所在。

②考虑各方因素。在各班小场地体育活动的组织实践中，需要特别关注影响幼儿身体素质全面发展的各种因素。通过详细列举和对比这些因素，可以进行有针对性的研究，进一步促进幼儿的全面发展。

③制定评价工具。在教师的自主创设下，幼儿园逐步建立对教师体育活动评价的范本和依据。这有助于全面评估教师在小场地中开展体育活动的效果，并在现有条件的基础上挖掘出新的问题，持续开展深入的研究。

2.中期工作

◆第一阶段　区级研训助力

（1）区级引领，专业培训

①组建团队实践。区级协调各方资源，集中专业研究力量，形成专业团队，推

进和落实小场地体育活动设计与创新研究。专业团队与幼儿园保持紧密的协作与规划，聚焦于解决园方所面临的各类具体问题，并积极鼓励教师发挥主观能动性，自主寻找解决方案。

②区级指导建议。区幼教教研员应紧跟国家教育方针和最新的改革趋势，提供与时俱进、符合时代需求的建议，以确保幼儿园一线教师工作方向的正确性。

③区级面授培训。组织区级面授培训，吸引更多的幼儿教师参与其中。通过课例赏析和同课异构的方式，指导教师开展深入的研训活动。

（2）园本教研，推陈出新

①指导园本教研机制革新。为了提高幼儿园课程引领力，特别是针对幼儿园管理者的园本教研组织形式，鼓励试点园率先进行深度的园本教研机制改革和创新。

②确保全员观念一致。在研究的初始阶段，即园本教研开始时需要对可能出现的各种问题做出前瞻性的预测，并精心策划切实可行的前期计划，从而确保全体教师的观念保持一致。

③保证良好的教研氛围。在构建教研环境时，组织者应致力于营造一种自然、平等、和谐的氛围，激发教师的积极性，使他们能够深入探讨并共同发掘真实的问题，提出切实可行的解决方案，避免流于形式。应该尊重和发扬园本教研的精神，鼓励每位教师发挥创新思维，独立应对各种教育教学挑战，同时积极参与讨论和分享，实现共同成长。

◆第二阶段　全面诊断难点

（1）联合研修，实地研讨

①专业团队发力。整合区域内外教育资源，精准筛选出小场地体育活动设计领域的专业精英团队，形成一定的专业梯队，循序渐进分期推进，使得专业指导能系统性，且更加精准、自然。

②形成场景样板。在团队成员的共同努力下，逐步细化各个步骤，深入剖析问题所在，并探讨每个步骤之间的逻辑联系和内在规律，初步打造出一个小场地体育活动场景的示范样本。

③坚持现场研磨。致力于现场实地研训，以便全方位地参与教研活动。通过充分挖掘集体智慧，不断尝试和优化，解决教师在小场地体育活动设计与创新行动中遇到的实际问题。鼓励教师深入探索解决方案，敏锐地发现细微问题并加以解决，从而推动教学水平的持续提升。

（2）全面诊断，转变观念

①全面诊断再研。为了全面诊断和研讨教师的教学活动，需要集中多方力量，包括教育局行政人员、园长、名师、特级教师、其他学科教师、青年教师、新入职教师、教研员、高校专家、其他区同行以及职前在校学生等。

②升级评价工具。通过系统归纳整理，结合问卷调查的方式，总结出重要的理念和行动准则。将这些评价元素整理成全面的诊断评估表作为对教学活动进行评价的依据。

③根植自评观念。利用评估表对各类小型场地体育活动进行深入的评价和研究，引导一线教师逐步转变教学观念，使他们更全面地理解整个评价体系，熟练运用评价工具，并具备自我评价的能力，从而促使其提升教学质量。

3.后期工作

◆第一阶段　公开推广

（1）推广引领，引发关注

①集中实地研磨。区教研院幼教科集结一批具有先进办园理念的幼儿园负责人，开展实地观摩和专题研讨。针对各幼儿园所面临的具体问题展开深入剖析，挖掘在小场地中开展体育活动的通用策略和特殊要求，激发更广泛的关注和深入的讨论，共同探索小场地体育活动设计的最佳方案。

②实践案例分享。全力推广具有创新性和实用性的小场地体育活动，并提供一系列典型的案例，向周边的同类型小场地幼儿园展示。与大家共同分享体育活动的设计理念和经验，共同推动小场地体育活动的发展。

③组织现场研讨。在观摩活动之后，组织现场研讨，旨在针对展示活动的质量提升与效果强化进行分组深入探讨，激发与会代表的积极性，让每个人都能够充分表达自己的观点和看法，进一步提升现场研讨的实效性。

（2）扩充资源，总结经验

①异地交流历练。在异地教学中，通过研讨课和公开课展示，展现出团队积累的教育智慧和策略。经过实战的考验，他们获得了相应的荣誉或奖项，将进一步激发他们的创造性。

②提炼关键经验。鼓励教师将其宝贵的教育教学经验提炼为讲座内容、教案、论文、案例以及教学视频等，这有助于进一步推广和宣传教研团队的丰富经验，提升教师的专业地位，让其在教育领域发挥更大的影响力。

③扩大辐射范围。随着团队教学资源的不断扩充，数字化技术的创新应用得到了进一步的推动。通过整合省内外相关教育资源，建立一支更加强大的教研团队，促进小场地体育活动设计与创新的经验得到更广泛的推广，使得这些宝贵的经验得到更深入的实践和检验。

◆第二阶段　顺应自然

（1）区级推选，跨区研学

①以评促研。在区级层面上，设立了一系列小场地体育活动设计与创新的奖

项，目的在于激发全体教师和教研团队的参与热情。通过区级教研部门的引领与推动，有效拓宽小场地体育活动设计与创新的实践领域，提升教育教学成果的整体质量。与此同时，将这些成果推向市级层面，旨在以评促研、以研促教，进一步推动教育教学工作的持续发展。

②跨区研训。精心组建一支卓越的教研团队，并定期组织跨区域研学活动。通过这些研学活动，团队成员能够更全面地了解各类小型场地体育活动的实际情况，从而更准确地分析和优化小场地体育活动设计创新的评价体系。

③激发内驱力。在交流沟通方面，区级引领不断加强和完善专业的交流体系，以促进各区域间的经验分享和学习。这样不仅能够激发一线教师的内在动力，还可以进一步扩大小场地体育活动设计与创新的影响力。

（2）顺应时代，全面发展

①省外取经。组织小场地体育活动研究团队赴省外学习与交流，从微观角度为户外大型体育活动提供策略建议，旨在实现大、小场地体育活动的均衡发展。

②顺应时代。对照国家教育政策进行复盘与反思，确保所有幼儿园小场地体育活动设计与创新方案与时俱进，满足幼儿全面发展的需求。

③解决问题。聚焦研究目标，精心提炼幼儿园小场地体育活动的各项教育资源，解决最初提出的问题，确保幼儿园、教师和幼儿都能获得全面的发展，提升教育质量。

第二章　幼儿园体育教学案例分析

第一节　中班体育教学活动"小羊过桥"

一、设计意图

在户外活动时间，我们经常会发现中班幼儿在走平衡木时常常两眼专注地看着前方，张开双手，或走得很慢，或动作单一，或兴趣不高，常驻足停留。在对中班幼儿身体控制与平衡要求中有：能在较窄的低矮物体上平稳地走一段距离。为了培养幼儿在平衡木上的身体控制与平衡能力，可设计"小羊过桥"的游戏活动。通过情境的不断变化，引导、鼓励幼儿探索通过平衡木的方法，机智应对不同的挑战，平稳地走过平衡木。

二、活动目标

（1）愉快游戏，不怕困难，具有强烈的责任感。

（2）遵守规则，分组持续体验活动，探索走平衡的动作及方法，并分享运动经验。

（3）能随着游戏场景的变化，灵活调整走平衡的动作，机智应对挑战，安全完成任务。

三、活动准备

幼儿已有走平衡木的经验；宽敞平坦的场地、2米长的平衡木2个、口哨1个、泡沫棒1根、羊妈妈头饰1个、海绵球若干、小竹竿1根、绳子1根；节奏轻快的音乐和放松的音乐。

四、活动过程

（一）准备阶段

热身律动：小羊健身操，教师带领幼儿模仿小羊创意走的相关动作进行热身律动。

师：小羊们，今天妈妈要带你们外出探险啦，路上很艰险，需要发挥你们的智慧。先来看看哪个能跟着妈妈做出各种不同走路的方式。（重点关注幼儿的脚腕、手腕、手臂这几个关键部位的热身动作）

（二）基本部分

1. 探索阶段

情景创设：通过鳄鱼池。

基本玩法：将平衡木分成两组平放在地上，幼儿扮演小羊，听到指令后，尝试探索不同方式过桥。

师：小羊们，听说前面有个鳄鱼池，池对面有许多香甜的苹果，你们有没有信心过桥去摘苹果？有什么不同的方法可以过桥呢？

（要求：小羊自由分成两组，每组8只小羊，以白线为起点准备。前一只小羊上桥后，后一只小羊出发，用不同的方式过桥）

师：你刚才用什么方式过桥的？小羊们都很聪明和勇敢，能用直线走、转圈走、蹲着走、倒着走、单脚跳等多种方式保持平衡过桥。

【分析】

教师如果让幼儿扮演小羊走过小桥，创造性地保持平衡，这样的活动需要提前预设故事情节。在这个过程中，教师需要给幼儿提供必要的场景支持，让幼儿自然地去体验，不是一个单调的任务。当幼儿需要改变动作来适应运动环境时，教师却用语言要他按照指定的细节要求去操作，这就是在高度控制下的指令要求，极不合理。教师要清楚，这种方式既没有起到多大作用，还扼杀了幼儿主动学习的意识。教师创设趣味场景，就是要让幼儿在紧急情况下或者迫不得已时自主做出动作的改变，这样的动作探索才更有趣。教师应对幼儿给予极大的鼓励，将主动探索的时空尽可能地给予幼儿。

在"通过鳄鱼池"这个游戏中，缺乏互动情节。建议让幼儿拿着海绵球走过平衡木，教师可用纸箱做成鳄鱼的大嘴巴，并放置在平衡木一旁，让幼儿用海绵球来投掷大嘴巴。纸箱与平衡木的距离以及纸箱的高度、大小和形状可灵活调节。如果幼儿没有将球投进纸箱，就要走下鳄鱼池把海绵球捡起来，再回到起点，重新开始投掷。提醒幼儿走下平衡木后，要避开鳄鱼的追捕。鳄鱼可由教师或幼儿来扮演，在鳄鱼池里来回走动，进行有趣的互动。

教师要统整分析自身和幼儿各自的需求和目的，以及促成共同发展和成长的元素，通过运动场景的改进来逐步实现。这个阶段，幼儿所希望体验到的趣味点主要体现在投球的过程中。而教师则希望幼儿在走平衡木的时候能有一些动作的变化，要有相关的动作探索。俗话说："将欲取之，必先予之。"为了实现教学目标，教师必须先解决幼儿的兴趣需求问题，再去解决幼儿动作发展的问题。

幼儿需要一个紧张刺激的游戏体验，在体验中一定要有他不确定或不可控的因素，球并不是那么容易投进大嘴巴。如果难度太低，太容易完成，幼儿很快就会失去兴趣，很难引发他们进行深度体验。在游戏中，幼儿关心的是海绵球能否投得进箱子、会不会被鳄鱼抓住。教师关注的是别让幼儿轻易投进，要在辅助材料上进行一些调整，与幼儿互动逗趣。在实际的体验中，各式各样的纸箱（如箱子的大小、形状、颜色等均有不同）就能够达成这样的效果。当幼儿容易投进球时，教师就将箱子挪远些。当幼儿还是能容易投进时，就把箱子放在高处。还有的教师让箱子移动起来，这对于幼儿来说，要准确投掷就更难了。游戏设计就要将各种因素思考齐全，然后在活动组织中分析整体情况，既不能只花哨，不讲锻炼效果，也不能只关注锻炼效果，不讲趣味体验。要能根据幼儿的整体表现，辨别幼儿的需求，灵活组织活动。

2. 学习阶段

（1）情景创设：鳄鱼炸弹快快躲。

基本玩法：保持上一个游戏场景不变，教师扮演鳄鱼，用海绵球砸向小羊，小羊要根据海绵球的速度、节奏，调整通过小桥的方式，快速过桥。

师：一只小羊都没有吃到，鳄鱼可生气了。它找来了许多炸弹，被砸中的小羊就会掉到鳄鱼池里，停玩一次。你们有办法通过吗？炸弹来的时候该怎么办？

师：小羊们真厉害，能根据炸弹的方向、速度、高度及时躲避，顺利通过小桥。

（2）情景创设：竹子扫来快快过。

基本玩法：保持上一个游戏场景不变，教师扮演鳄鱼，用竹竿扫向小羊，小羊要根据竹子的高度、速度，变换动作，顺利通过小桥。

师：小羊们太机智了，看来不能小看你们呀。鳄鱼找来了一根竹竿，说要用竹竿把你们扫下来。你们有办法战胜鳄鱼吗？你们来试一试。

师：当竹竿扫过来时，小羊们能用蹲下、跨过、钻过等方式过桥。真是一群既勇敢又机智的小羊儿。

【分析】

这两个游戏相当有趣，互动性很强，可是游戏中的教师角色定位需要考虑。如果没有教师的参与，这个游戏可能无法顺利组织。

辅助材料在教师手里操作是易如反掌，若是换成幼儿来操作，就有很大的难度。而教师如果占用了大量材料操作的时间，幼儿势必会产生依赖感。如果游戏开始时，教师通过师幼互动，引出辅助材料并让幼儿来操作，这种游戏效果就大大不同了。俗话说："无为是从有为中来的。"教师先要示范，把基本操作演示一下，然后在安全的前提下，放手让幼儿操作，教师此刻就变得"无为"了。但要注意的是，并不是所有辅助材料都能够实用，这就很考验教师对辅助材料的预设能力。

"鳄鱼炸弹快快躲"游戏要变得更经典，先要思考如何能让游戏持续循环进行。建议让幼儿扮演小羊，成功通过小桥后再扮演鳄鱼向正在走平衡木的幼儿投掷

"炸弹"。幼儿在游戏中，要进行两次角色转变，并按照角色的要求来创意行动。幼儿扮演鳄鱼投掷炸弹时，教师要把投掷距离尽量设置远一点，保证幼儿在投完球之后走过去捡球时不拥挤。当幼儿扮演了两个角色后，游戏的运作就更流畅而有效了。例如，教师扮演鳄鱼，在游戏中出现任何问题时教师可以立即处理，也便于纵观全局。幼儿扮演鳄鱼投掷炸弹，如果投中桥上的小羊，就可以向教师领取一个海绵球作为奖励；如果没有投中，则捡回球再次体验。

在游戏过程中，教师的参与是积极的，能够促进良好的师幼互动。但是，如果教师始终作为游戏的一部分，或者变得不可或缺，不懂得退出游戏，就难以从更高的角度审视游戏活动。例如，在教师与幼儿互动中，教师可能只关注前方而忽视后方，或者只看到一侧而无法兼顾另一侧，这样既耗费精力，又效果不佳。大多数游戏都应该能够实现自我循环和反复体验，只要拥有这样的理念，游戏就能升级成功。幼儿可以在游戏中扮演多种角色而获得不同的体验，这样既能活跃思维，又能让他们更好地掌控游戏。

3. 提升阶段

情景创设：鳄鱼的套圈。

基本玩法：保持上一个游戏场景不变，用泡沫棒和绳子制作套圈。幼儿依次通过小桥，鳄鱼用套圈来套住小羊，小羊要灵活躲避。被套住的小羊会被拉下河，停玩一次。

师：狡猾的鳄鱼不死心，它又找来了神奇的圈圈，被套中的小羊就会被拉入河中。该怎么办呢？

师：能干的小羊们，当套圈过来时，可用躲闪、挡住等方式来躲避套圈，顺利通过小桥。

【分析】

这个游戏与之前的相比，互动性更强，但同样缺乏幼儿自主操作辅助材料的体验。这个游戏在吸引幼儿的注意力和动作拓展方面是毋庸置疑的，主要是因为套圈以及操作套圈的教师为幼儿带来了不可控因素。幼儿为了躲开套圈，要与教师"斗智斗勇"，体验的难度全在教师掌控中。幼儿要机智应对才能够不被套住。幼儿在走平衡游戏中，采用的挥臂、下蹲、跳跃、跑动、旋转、爬行等动作拓展，既有创意又具灵动性。可是唯独缺乏幼儿可操控的辅助材料，这是要解决的首要问题。

教师应提前制作便于幼儿操控的辅助材料，如套圈，让部分幼儿扮演鳄鱼站在平衡木旁边，学着老师的样子试着去套小羊。这样一来扮演鳄鱼的幼儿手中就有了辅助材料，教师也减轻了操作的压力。与此同时，教师再给小羊一些辅助材料用来抵挡鳄鱼抛出的套圈，这类材料可考虑泡沫棒、纸棒、矿泉水瓶等，都可以用来挡开套圈。这样一来，扮演小羊的幼儿因为有了辅助材料，鳄鱼与小羊的对抗也更为

"激烈",游戏充满乐趣。

除了设计幼儿之间的互动场景之外,还可以考虑幼儿与器械的互动场景设计。教师提前在平衡木旁边摆放一些玩具,如玩具汽车、毛绒公仔、积木等。让幼儿拿着圈来抛投,看看能否套住玩具。教师只需要根据幼儿的实际能力水平,更换玩具或调整抛投的距离即可。在游戏中,幼儿在平衡木上用力抛投,需要不断调整身体姿势来保持平衡。这种较为主动的动作拓展相比在平衡木上被动的躲避有着本质区别。

教师在游戏中的角色定位分很多种,有时扮演将军,带领幼儿共同体验,营造欢乐的氛围;有时,教师还需扮演"军师"的角色退居幕后,审视全局,运筹帷幄。要注意的是,教师退居幕后是需要有一定准备的。首先,在观念上要重视幼儿的深度学习规律,即激发幼儿实现"六动":心动、脑动、行动、主动、互动、能动。如果教师精心设计运动场景可以实现这"六动"的小周期循环运转,那就相当于实现了自主循环,可以真正退居幕后,将更多主动探索和锻炼的时空让给幼儿。

可事实上,先"引"后"隐"才是教师角色转变的基本规律,要知道教师是不可能完全隐去的,主要是因为幼儿运动场景运作有周期性。周期有长也有短,长可以到经久不衰,短的可以是几分钟。而影响运动场景自主循环周期的因素有很多,最为重要的一个因素就是互动性因素。如果游戏体验能从教师与幼儿互动转化成幼儿之间互动,最后再演变成幼儿与自然物体互动,笔者认为是一种很大的进步。幼儿与自然物体进行互动,而不受教师和同伴的影响,才能真正实现深度学习,学习的周期也会无限延长。而当幼儿在与自然物进行互动时,由于缺乏相关经验,需要借鉴和参考,因此与同伴、教师的互动也是必不可少,但这并不是目的,主要是为了先有效地"引",为接下来的"隐"作铺垫。

第二节 中班体育教学活动"蚂蚁搬家"

一、设计意图

身体平衡动作对中班下学期的幼儿来说已不是很困难的事。但每个幼儿在这方面的发展程度是不同的,有的幼儿可在既高且窄的平衡木上走过,有的幼儿只能慢慢地走过低低的、宽宽的平衡木。所以,教师在活动中要设计不同难度以满足幼儿的个体发展的需要。教师既可在平衡器材的高度、宽度和坡度上有不同的设置,也可在运动方法的指导上给予幼儿不同的示范。此活动设计是基于幼儿的年龄特点,结合他们平时感兴趣的"蚂蚁搬家"的情景,旨在帮助幼儿愉快游戏,敢于挑战,并探索走平衡木的动作和方法。

二、活动目标

(1)愉快游戏,敢于挑战,体验走平衡木的成功与喜悦。
(2)了解并探索走平衡的动作和方法,大胆地与同伴分享经验。
(3)能够随着场景变化,灵活调整走平衡木的动作。

三、活动准备

长木板若干、轮胎若干、标志盘、小号交通锥、音响、口哨等;热身操音乐和放松音乐。

四、活动过程

(一)开始部分

热身律动:跟随音乐节奏做热身律动操。
指导要点:提醒幼儿与同伴在活动时保持一定的距离。幼儿跟随音乐做跳跃、单脚多种平衡的动作进行热身律动,将幼儿快速地带入游戏情景中。
师:蚂蚁宝宝们,今天的天气真不错,让我们一起跟着好听的音乐热身一下吧。

(二)基本部分

1. 探索阶段
情景创设:小蚂蚁运甜甜圈。
基本玩法:幼儿分成4组,每组前面各有一条由轮胎和长木板组成的斜面小桥,幼儿头顶标志盘(把标志盘当作甜甜圈)从小桥上走过。
师:最近遇上了大雨天,蚂蚁家里都快被雨水冲塌了,它们要赶紧把家搬到河对岸去。瞧！这里有好多蚂蚁喜欢吃的甜甜圈，蚂蚁妈妈要请宝宝们用头顶着甜甜圈走过前面的独木桥，把粮食送到新家。小蚂蚁要好好保护自己和甜甜圈，不能掉进河里哦。

【分析】

教师要鼓励幼儿自主主动进行动作探索，而不是事先规定幼儿在动作方面必须怎么做。思考一下：教师让幼儿扮演小蚂蚁，是否一定要拿着食物举在头顶？这样一开始就限制了幼儿走平衡时手臂动作的创意拓展。虽然教师可能会认为只要让幼儿用双手将食物放在头顶走过平衡木，确实是为幼儿体验走平衡增加了难度，但是要思考，增加难度的内容在探索环节是否合理？如果预设是在提升环节，笔者认为是没什么问题的；如在探索环节，教师要着重分析幼儿的前期经验以及幼儿整体的应变水平和能力，此时，需要给予宽松的探索空间。

教师除了想到幼儿可能会双手拿着食物，还要分析幼儿如果单手拿着食物行不行？不举在头顶行不行？夹在胳肢窝走过去行不行？或用脖子夹，或用肩膀扛过去行不行？除此之外，还要考虑运的材料是什么。是一个布袋装满了食物，或是一个小海绵球，又或者是其他道具。教师要分析，如果运的材料不同，那么所采用的动作也不同。材料和动作是相互适应的，材料是顺应动作发展而预设的。

教师需要明确告知幼儿，运甜甜圈时手臂是可以放下的，同时可以尝试各种稳定身体的动作，或者发挥创意做出有趣而夸张的动作以保护好甜甜圈。教师在准备甜甜圈时，要注意甜甜圈的大小、形状、重量等特性，要预设到不同的甜甜圈会引起幼儿不同的动作探索和体验。幼儿的创造力发挥了辅助材料的作用，应提供多元化的材料，丰富幼儿体验。甜甜圈如果够大，像帽子一样，幼儿就可以将其顶在头上运过去；如果是小的，就套在胳膊或手腕上运过去；如果长且软，就可以搭在肩膀上运过去。假如全部的甜甜圈统一规格，幼儿的体验就不丰富，少了惊喜和乐趣。

为了进一步提升幼儿的自主能动性，还要在甜甜圈的数量，以及其他相关辅助材料上进行预设，使得幼儿在游戏中有更多自主选择的机会。如果只是让幼儿拿着甜甜圈或者食物走过独木桥，活动似乎没有什么目的性，也没有什么难度。幼儿不会无缘无故地去改变自己的身体动作，除非是遇到"特别的辅助材料"，迫使他们去改变一些动作。例如，对于甜甜圈，我们可能会想到，可在数量上进行思考，幼儿到底可以拿多少个甜甜圈？让幼儿自主决定。另外，还要思考是否结伴的问题，是幼儿自己拿甜甜圈，还是与同伴一起拿甜甜圈；或用什么材料来装甜甜圈。这样思路就打开了。

2.学习阶段

情景创设：绕过障碍物运甜甜圈。

基本玩法：保持上一个游戏场景不变，在桥上放置交通锥充当"石头"，幼儿头顶标志盘从小桥上绕过石头搬运走。

师：哇！蚂蚁宝宝真厉害，把一部分甜甜圈搬到新家了。就在刚才，又下了一场大雨，把石头都冲到了独木桥上。接下来，我们要绕过这些障碍物，用头顶甜甜圈的办法走过独木桥，把剩下的食物搬回家。

【分析】

教师在游戏中设置一定的障碍，例如将交通锥放在平衡木上，增加了走平衡的难度。这能够很有效地激发幼儿进行运动的兴趣，可是这种兴趣持续时间一般不会太长，除非是教师不断地挪动障碍物，让活动难度持续发生变化。实际上，很多教师在材料的选用和玩法上具有丰富的经验，可是频繁地介入和调整障碍物，使得幼儿的体验更像是在"被设计"而缺乏游戏的主导权。教师在这时就要考虑一下如何让幼儿自主游戏的周期更长一些，尽量减少自己的介入时间。教师要明确的理念是，自己虽然对辅助材料的调整已经很有经验，可是不能过于主动和频繁。教师越是过于主动介入游戏，幼儿就越没有机会去思考和突破，就越依赖教师。

教师可以在终点位置"做点文章"，让幼儿更有任务意识，并获得成功感。例如，在终点处可以设置一个绕过石头投掷甜甜圈的场景。当幼儿带着甜甜圈到达终点时，要将甜甜圈投进一个指定的箱子。基本规则是：如果甜甜圈成功投进箱子，则表示任务完成；若未能投进，则需重新开始游戏，直到甜甜圈成功投进箱子为止。接下来，教师要根据游戏的进程，对这个箱子的设计进行改进。例如，不断调整箱子的高度、距离、大小等，既能增加游戏的挑战性，又能激发幼儿的好奇心和探索欲。教师要意识到，幼儿的兴趣点可能并不完全在于走平衡的过程中，而终点处的任务目标有可能才是幼儿最想要完成的。

在游戏中，教师要重视游戏路线上的出发、中途、终点三个位置的互动场景的创设。有些教师会在出发位置摆放一些呼啦圈，让幼儿在呼啦圈里原地转上几圈后再出发。幼儿也可以在出发位置接到伙伴的传球，然后再拍着球出发；还可以在出发位置挑选自己喜爱的材料再出发。而在中途和终点位置的互动场景就更多了，教师要进行合理预设，使得游戏进行得更为顺畅和均衡。既要考虑师幼互动、幼幼互动，还要重视幼儿与物品的互动。

3. 提升阶段

情景创设：小蚂蚁合作运饼干。

基本玩法：幼儿分成4组，每组前面各有一条由轮胎和长木板组成的斜面小桥，幼儿合作搬运体操垫走平衡木。

师：蚂蚁妈妈发现家里的粮食不够，需要蚂蚁宝宝们运一些"饼干"（积木）回家。

师：需要两只小蚂蚁一起合作，你们觉得两只蚂蚁要怎么运才能通过独木桥呢？

指导重点：提醒幼儿要踩稳，两人一前一后，双手举高去抬体操垫，沿着平衡木的中间位置行走，保持身体的平衡性和稳定性。

【分析】

要让幼儿知道与其他人合作力量才更大，合作是为了解决个人解决不了的问题。小蚂蚁运饼干这个游戏过于简单，缺乏一定的合作难度体验。怎样来预设合作的难度呢？假如两人分工合作，一个人拿着垒高的积木从平衡木上走过去，另一个人拿着一个羽毛球拍或者泡沫垫接住掉落的小积木块，这样就可以安全完成任务，也感受到了团队协作的力量。在游戏中，幼儿拿着垒高的积木，不想被人干扰，这时就需要同伴来保护。而作为同伴，首先要完成保驾护航的任务，同时还要保护好自己。由此看来，虽然分工不同，但各有各的难度体验，有利于幼儿创新性地完成各自的任务。

可以让幼儿合作，抬着体操垫把"饼干"运过去。到了终点后再进行投掷。如果投不进箱子，两人需要取回"饼干"，重新玩一次。如果投进了，再到起点处取一个"饼干"再次体验。教师要事先对辅助材料进行选定和调整，如果体操垫体积较大，不便于幼儿操作，那就需要更换成小的。可以考虑用其他材料代替体操垫，或者使用体积相对较小的材料，以减轻幼儿的操作负担，如报纸、桌布、泡沫垫、小花伞、纸箱等都可以用来运送"饼干"。这样要比原来的玩法好玩得多，丰富的运输工具变化，让幼儿之间的合作难度不断加大，其合作的能力也随之提升，自主能动性也更强。

两人抬着垫子的合作体验，幼儿很快就会失去兴趣，除了在平衡木上设置障碍物为幼儿走平衡带来难度，还可以让幼儿在平衡木上进行投掷。除了投掷以外，还可以预设各种操作性的动作，如蹲下、跨过、拿取、抛投、钻过、旋转、搬抬、捞起等。在操作中，要多留意生活中的物品与自然类材料的使用。

第三节　中班体育教学活动"一起种花吧"

一、设计意图

在做体育游戏、早操等活动中，发现大部分幼儿都能较为熟练地进行单脚跨跳，但是对于双脚并拢往前跳却较为不熟练。例如，有的小朋友往前跳的姿势不协调，容易摔倒，落地时出现跪地等。同时也发现，由于对立定跳远的不熟练，幼儿也较少在晨间户外活动时去挑战相关的游戏。本活动旨在让幼儿初步了解立定跳远的动作要领，能积极主动地参与到晨间活动中。

二、活动目标

（1）幼儿能感受与同伴一起做游戏的快乐，提高身体的协调性。
（2）幼儿能初步了解立定跳远的动作要领。
（3）幼儿能双脚立定跳远达30厘米以上。

三、活动准备

（1）小兔子头饰（每人一个）、游戏示意图、仿真花和花籽、水瓶、即时贴；音乐、口哨。
（2）幼儿有单脚跨跳的经验，对立定跳远有一定的了解。

四、活动过程

（一）开始

热身游戏：小兔子跳跳。
基本玩法：小兔子们双脚跳过小溪，听到口哨声回到位置。
情境创设：小兔子跟着兔妈妈一起去草地上种花。
师：小兔子是怎么跳的？让我们一起跳一跳，热热身吧！

（二）基本部分

1.探索部分
情景创设：跳过小溪。教师在地面上画两条线，两根线之间的距离约为30厘米，表示"小溪"。
基本玩法：幼儿先扮演小兔子跳过"小溪"，后再拿着花跳过"小溪"，将花带到终点指定位置。
师：小兔子们跟着兔妈妈从家里出发，要到对面的草地去种花，看这里有一条小溪，大家能双脚跳过小溪吗？快和小伙伴一起试一试吧！

【分析】

教师将幼儿的兴趣点导向种花，在游戏中，幼儿种花的技术与教师预设的技能目标是不同的。种花这个游戏任务，是幼儿从起点到终点要完成的一个任务，在中途，需要通过一些技能来克服遇到的困难。种花一定是有趣的，对幼儿具有很强的吸引力。可是在种花之前，需先想好立定跳远的锻炼过程，这是教师预设种花的先决条件，关键是教师能否将种花的场景设计得很有吸引力。因为种花的快乐体验是幼儿克服中途所遇到困难的精神动力。中途的跳跃能力提升，才是教师预设的动作发展目标，这也是这个游戏的重点。另外还要注意，教师不能将精力全都放在终点处，中途位置的跳跃场景设计及体验同样重要。

可以考虑几种材料的设置来提升游戏体验，例如，在终点位置，教师可以准备若干个纸筒，要有大有小。还可以将一些纸筒捆绑在一起放置于地面；同时，还要制作一些花朵装饰并将它们固定在筷子或木棍上。这样一来，幼儿用的花以及投掷的目标就都齐全了。在游戏中，让幼儿手拿花朵快速跑向终点并将花朵投入纸筒中。若成功投掷，花朵将自然竖立；若未投中，则需取回并重新尝试。实际上，幼儿投掷的精准度受到教师对场地调整的影响。教师可以通过调整距离、高度以及纸筒大小等，为创设这一游戏环节的难度提供必要的支持。

对于游戏场景的设计，教师要清楚，游戏的场景虽然来源于实际，但不可能等同于现实。教师只能依靠现有的环境和材料，通过灵巧的双手尽量勾勒出游戏的主要场景。教师要能够引发幼儿产生联想，从而使得游戏场景中的材料更具有生命力。在游戏调整过程中，教师要能够举一反三，对现有的辅助材料进行更换或重新组合。例如，游戏中的花朵可用什么材料来代替呢？日常生活中常见的筷子、木棍、乒乓球、小竹竿、纸棒、纸杯等，都是可以利用的资源。

幼儿的体验是在参与中形成的，通过体验，幼儿能够感受到情感，随着情感的积累，他们会产生深刻的情感联系，而专注力正是在这些情感中逐渐培养起来的。教师需要理解这一逻辑关系，并逐步引导幼儿不要急于求成，而应有长远的思考。幼儿的创造力不仅仅依赖于智力，非智力因素同样重要，当一个人受到鼓励并对创造产生兴趣时，往往他就会主动去创造并能取得成绩。

2. 学习阶段

情景创设：跳过小河。在"小溪"前面再画两条线，两条线之间的距离约为50厘米，作为"小河"。

基本玩法：小兔子们双脚跳过小河，听到口哨声就回到原来的位置。

师：我们一起来看看这条小河，它和小溪比有什么不一样？之前大家已经成功跳过了小溪，这次你们能双脚跳过这条更宽的小河吗？来试一试吧。

【分析】

教师如果将动作的重点仅限于双脚跳,就可能过于局限了。如果幼儿确实需要练习双脚跳,这样的设计也是可行的,最好是顺其自然,水到渠成。设计的初衷是为了满足幼儿的实际需求,而非基于主观的假设。若设计旨在锻炼双脚跳的游戏,教师应当考虑多个方面的因素。

首先,能够激发幼儿进行双脚跳的主要活动应当包括向上跳和向下跳的动作。由于向上跳和向下跳均需要较大的力量,这类动作有助于培养幼儿连续使用双脚跳跃的能力。要注意的是,并非每个人都能轻易完成双脚跳,通常只有在必要时才会采用这种跳跃方式。因此,教师应当创造一种让幼儿不得不进行双脚跳的运动环境,从而自然地引导他们展现出双脚跳的能力。双脚协调发力产生的力量显然大于单脚,这一点是毋庸置疑的。当然,如果目的是通过惯性增加跳跃的距离,那么使用单脚起跳会更为合适,否则身体的稳定性可能会受到影响。因此,在设计双脚跳的练习时应避免利用惯性,要求幼儿在助跑后进行双脚跳是不合理的。

另外,需密切关注幼儿双脚跳跃的方向与位置,幼儿无论是自上而下或是自下而上的跳跃,都应有一个明确的空间定位。假设从较高处跳下,是希望跳得远一些还是近一些?是偏向左侧还是右侧?落地时,双腿是张开还是并拢?身体是呈半蹲、直立,还是俯卧姿势?教师应具备这种空间感知能力,并据此来设计活动场景。设计的场景应便于幼儿轻松完成预定动作,同时鼓励幼儿进行个性化的发挥。在这一过程中,所有主要材料和辅助材料也应随之自然出现。

鉴于活动实际情况,教师应构思小河游戏场景的布局,以展现不同难度级别的选择。若仅用绳索直线拉设,将难以展现层次分明的难度。若小河宽度适中,幼儿能够轻松跃过,那么可以在小河中增加材料,例如,投入鞋盒、玩偶、鳄鱼玩具、书包、鞋子、纸球等随手可得的日常物品。这不仅能够激发幼儿的兴趣,还能促使他们跳得更高。此外,由于难度设置清晰,幼儿可以选择与自己能力相匹配的物料进行体验。

教师必须重视安全问题,考虑幼儿手拿自制花朵跳跃,需要注意花朵道具的安全性,看是否存在潜在的风险。此外,可看看是否可以增加一些难度。例如,提高投掷目标的高度或使其悬空摇摆;使用折叠垫作为障碍物,遮住投掷者的视线更具挑战性。这些微调整不仅能增强幼儿投掷活动的趣味性,还能让跨跳游戏过程变得更加吸引人且充满挑战性。

3. 提升阶段

情景创设:一起种花。

基本玩法:幼儿分组,可分为4或5组。游戏第一轮引导幼儿去草地上撒花籽。听到口令后,每组第一位幼儿出发,依次跳过"小溪"和"小河"到草地上撒花籽。前一名幼儿到达草地后，下一名幼儿从起点出发，以此类推。游戏第一轮"撒花籽"结束后，依次展开第二轮"浇水"和第三轮"摘花"。

师：大家都能够跳过小溪和小河啦，现在我们可以去草地撒花籽、浇水，再把种好的花摘回来。

【分析】

这个游戏包含了撒花籽、浇水和采摘花朵三个内容，同时教师还提供了相应的辅助道具和材料。教师除了利用各种道具激发幼儿的兴趣外，场景布置也需要重新设计，确保其既合理又吸引人。例如，在撒花籽的环节，如果仅仅是将花籽撒在地面上，那么体验会显得相当乏味。同样地，浇水环节若只是模拟动作而无实际水流，那么也会显得不真实。至于采摘花朵，如果仅仅是简单地从地上拾取，乐趣更是大打折扣。这些细节都是教师在设计时必须考虑的，教师不能仅仅因为跳跃是游戏的主要动作，就忽视了终点处游戏设置的重要性。如果决定设置这些角色和情节，那么就必须注重细节，确保整个游戏环节能够真正触动幼儿的心。如果觉得难以实现，教师就要另辟蹊径，不要在这个主题情景中打转，思维要另行打开。

游戏情节设计无需过于复杂，只要设计好播种环节就可以了。选用何种种子？可留意身边的生活用品，可以使用一些小巧的积木或玩具作为替代品，例如瓶盖、扣子、硬币、海绵球、波波球、纸球等，这些种子大小不一，形状多样，都可作为花籽。再看游戏场景中的"田地"该如何布置？可以利用一些较大的纸箱或鞋盒来模拟，亦可使用长垫子，并在上面摆放若干个小呼啦圈，象征着一块块的田地。另外，纸箱的高度和尺寸不必一致，最好是高低错落、大小不一、颜色各异，以提供不同的体验，激发幼儿的兴趣。还可以将箱子悬吊起来，轻轻摇晃，以增加投掷的难度，鼓励幼儿更加积极地参与跨跳活动。

教师在游戏创作过程中，应当追求化繁为简，使普通游戏转化为经典游戏。一个经典游戏能够衍生出无数活动精彩的变化，让幼儿在应对这些活动变化中沉浸其中，这样的游戏才真正具有价值。通常情况下，设定角色和情节时，教师往往过于专注不必要的细节，这就限制了思维。如果把精力投入到不必要的环节中，是在浪费时间。教师应当培养将游戏核心元素组合与重新构建的思维习惯，以及果断的取舍能力，这样才能够有效提高教学效率。

第四节　中班体育教学活动"小壁虎探险"

一、设计意图

在自主运动中观察到中班幼儿虽然会匍匐前进的动作,但是匍匐爬行的动作不够协调、灵活,出现身体没有贴地、双臂没有自然屈于胸前、拖行双腿、后勾脚、腿和手臂配合不够协调等情况。本活动可提升幼儿匍匐前进动作的协调性、灵敏性,增强腰、背、肩及下肢力量,从而更加轻松自如地使用匍匐前进的动作。

二、活动目标

（1）幼儿愉快游戏,不怕困难,具有探险精神。
（2）幼儿能遵守规则,自主探索匍匐前进的动作要领。
（3）幼儿能将身体贴于地面,双臂屈于胸前交替前进,并有意识地控制下肢的屈蹬动作。

三、活动准备

（1）地垫16个、单杠6个、挂有铃铛的麻绳、30条毛根贴纸、小抱枕或小书包若干。
（2）幼儿通过观看视频,了解壁虎肚子贴地、手脚爬行的方式。

四、活动过程

（一）开始部分

（1）猜谜导入情境,热身活动。
师：小朋友们,有一种小动物,小小身体,能吃害虫,白天黑夜墙上爬,蚊子昆虫它不怕,只怕大青蛙。它是什么动物呢？
师：今天,我们变成了一只小壁虎,一起快乐地出去玩,出去之前,让我们跟着音乐一起活动活动身体。
（2）教师播放音乐,带领幼儿进行热身运动。

（二）基本部分

1. 探索阶段
（1）幼儿初次尝试匍匐前进动作,教师观察幼儿的动作。
情景创设：小壁虎捉昆虫。
基本玩法：幼儿模仿小壁虎的样子,钻过2个高约40厘米的单杠,爬过长约5米的地垫,并捕捉一只吊在杆子上的昆虫带回家。

师：小壁虎们听说栏杆的另一边有很多害虫停在上面休息，这可是个吃饱肚子的好机会，可栏杆不是那么容易就能爬过去的，上面挂着铃铛，如果碰到铃铛会怎么样？昆虫就会飞走。所以请小壁虎们一定要让肚子贴在地上，匍匐前进，身体不要碰到铃铛。

师：我们身体的哪个部位碰到了铃铛？为什么会碰到？

师：有的小壁虎屁股翘了起来，有的脚翘了起来，碰到铃铛了，所以铃铛就响了。我们知道小壁虎在爬行的时候，身体、前脚和后脚都是贴着地面，用它的手和脚交替，用力地往前蹬。

【分析】

此游戏场景能够促进幼儿匍匐爬行技能的发展（尽管它有一定的局限性）。例如，通过使用铃铛来吸引幼儿的注意力，引导他们关注爬行姿势，动作的探索要根据场景的变化进行调整。在游戏过程中，给予幼儿奖励也是重要的，老师要预设幼儿到了终点可以做点什么，比如捕捉到害虫后可以带回家。然而，这样的游戏设计很难真正激发幼儿的持久兴趣，教师只是基于假设认为"幼儿们会真心喜欢"，也即表示以上的设计都未必是合情合理的，只是一种教师视角的设计。

试着分析一下，当幼儿扮演小壁虎角色时，捉到害虫必定会很高兴。但实际上，幼儿并非真正的小壁虎，只是扮演角色而已。即便幼儿完成任务，获得了害虫贴纸，他们也不一定会拥有持久的成功喜悦感。一个贴纸代替不了他的实际能力表现，接下来幼儿还会面临各种各样的爬行难度，各种困难接踵而至。贴纸的背后应该有更深层的意义，那就是幼儿爬行的方法不断改变和完善。这种方法可以帮助幼儿应对各种各样的困难，而这期间幼儿获得的成功感，不是一个贴纸所能代替的，而是运动能力提升后的自信心。

怎样让幼儿获得更多灵活爬行的方法呢？如果幼儿能改进爬行动作，使身体更贴近地面，幼儿就能够安全通过。但这种成就感似乎并不会让幼儿感到真正的乐趣。经过分析，这个游戏还缺少一些关键的元素，那就是游戏任务的设定。幼儿的体验必须是发自内心的、好奇心驱使的、带着某种任务意识的。如何预设这些任务目标呢？这需要教师深入研究现有的环境和材料，然后进行细致设计。

根据游戏中的具体情况可以增加一些害虫的场景来配合。教师可在游戏的终点位置设一些投掷目标。将各种害虫悬挂在空中，让幼儿用小球进行投掷。当幼儿击中相应害虫后，在害虫下方的盒子里取一个相关对应的害虫贴纸并带回起点。如果没有击中，则捡起小球，重新返回起点再次尝试。

如果没有悬吊的材料让幼儿投掷，可以让幼儿用乒乓球击打害虫。假定害虫就在前面的盒子里，幼儿只要将乒乓球投进盒子，就相当于击中了害虫。而此时，球投进盒子后就不必再拿走，然后返回起点领取一个小球重新开始。如果没有投进盒子，要将球捡回，从起点再次出发。到了最后，教师统计每个小组投进的数量，获胜者给予相应的奖励，这样游戏就可以反复循环进行。

还有一种做法能让原来的游戏变得更加有趣，值得参考。教师可准备4个箱子，箱子内放入一些红色和绿色的玻璃球，只留一个手可以伸进去的洞口。当幼儿到达终点后，伸手进去取一个小玻璃球，如果取出的是红色玻璃球，就可以带回家，即完成任务，然后重复尝试；如果取出的是绿色玻璃球，则需要重新放回箱子，空手跑回起点，重新开始游戏。看看哪个小组运气更好，拿回的红球最多，获得胜利。

当幼儿有了明确的任务时就会有兴趣，会积极地爬向终点。这个时候增加中途位置的爬行难度，幼儿就会积极地去克服。但这时候处于探索期，还没有到动作拓展期，仅是了解一下幼儿前期的爬行经验，所以不设置太多的障碍。

2. 学习阶段

情景创设：小壁虎去旅行。

基本玩法：幼儿扮演小壁虎，背上背包（小抱枕）匍匐爬过高约40厘米的挂着铃铛的绳网。

师：小壁虎吃饱了，它准备背着小背包出去旅行，它要穿过一个挂满铃铛的小洞才能到达美丽的大森林。这里有一个小山洞，小山洞旁有一只青蛙，如果铃铛响了，青蛙就会把小壁虎抓走。

师：小壁虎在爬过小山洞的过程中要让自己的身体一直贴着地面。

师：我们可以放慢速度，但一定要确保自己的手和脚贴在地面上，再往前爬行。

【分析】

在这个游戏中，教师布置挂满铃铛的小山洞，确实可以使幼儿身体压低进行匍匐爬行的练习。可是我们要考虑到这种场景是非常单调枯燥的，无非就是身体高一点、低一点而已，容易造成幼儿消极对待。笔者认为绳网的高度适度即可，不需要压得太低，而可以在其他辅助材料方面做文章，进行一些局部操作上的改变，同样能够使得游戏体验更有趣。

在小壁虎去旅行的游戏基础上，可以设定特定的爬行路径或路线，让幼儿在匍匐前进的过程中完成一系列任务。以下是几种有趣的改变方式：

第一种方式：在爬行区域内撒放一些雪花片。每次让4名幼儿出发，比赛看谁能收集到更多的雪花片，并迅速爬出终点。或者，可以让每位幼儿只取一个雪花片，这样他们在爬行时就必须仔细观察，不仅要快速前进，还要精准地找到目标，并要合理规划自己的爬行路线。撒雪花片时，应确保幼儿看不见，以激发他们的好奇心。

第二种方式：在爬行区域内放置一些小凳子作为障碍物。每次让 4 名幼儿出发，他们需要根据面前的障碍物寻找新的行进路线，以期迅速摆脱困境。这个游戏不需要每次都由指令来决定幼儿的出发时间，只要确保与前一名幼儿保持一定的距离，幼儿就可以自行选择出发时间。教师可以在一分钟后重新调整凳子的位置，以持续激发幼儿的好奇心，观察他们是否能够安全通过。

第三种方式：给每个幼儿一根长泡沫棒，让他们手持长泡沫棒快速匍匐前进，穿越爬网。这种方式实际上增加了手脚协调的难度，考验幼儿是否能够携带较大的物料通过爬网。

教师在设计运动场景时，必须确保这些场景能够激发幼儿的主动学习能力，并能增强他们的安全意识。构建的运动环境应使幼儿在达成共同目标的同时，能够展现个性和创造力。然而，如果教师设定的目标仅限于让幼儿压低身体向前爬行不能触碰铃铛，而不考虑其他教育价值和因素，就显得不够全面。教师应当引导幼儿理解压低身体是为了适应运动环境，而环境的变化远不止调整铃铛的高度，环境的变化还包括辅助材料的更新，所有这些变化都是为了培养幼儿的适应能力。幼儿的运动能力越强，他们的适应能力也就越强。所以要通过不断变化的运动场景来提升幼儿的适应能力，从而幼儿的运动技能也会得到全面的提高。教师应当思考，幼儿在匍匐爬行时，可以进行哪些动作的拓展？例如，匍匐爬行时突然转变为滚翻，以躲避对面滚来的球；或者在匍匐爬行时抬起腹部，让滚来的球从肚子下方通过；手拿球一边匍匐爬行一边向前投掷；或者手拿某种材料，在匍匐爬行的同时完成一项任务。这些场景都需要教师勇于想象并通过实践来验证与改进。

3. 提升阶段

情景创设：小壁虎找尾巴。

基本玩法：幼儿扮演小壁虎，在场地上转向匍匐爬行寻找"尾巴"，爬的时候要避开在场地上休息的其他小动物们。

师：小壁虎在森林中旅行的时候尾巴丢了，它想出去找尾巴，森林中有很多正在休息的小动物，小壁虎在找尾巴的时候要注意不能碰到它们。

师：小壁虎是怎样成功避开小动物的？它做了什么动作？

师：爬的时候要注意观察周围的情况，在遇到小动物的时候，要灵活地改变爬行的方向。

【分析】

大家都知道小壁虎拥有一条长长的尾巴，这条尾巴在关键时刻会断掉帮助其摆脱危险。然而，这并不意味着小壁虎不珍惜自己的尾巴。实际上，它们爬行速度相当快，只有在迫不得已的情况下才会选择断尾求生。小壁虎的断尾行为通常为一些集体游戏活动提供了有趣的素材，例如爬行追逐游戏。

既然要学以致用，就看看幼儿能否灵活地爬行。可给幼儿每人发一条短短的"尾巴"（用泡沫棒充当），让幼儿在舞蹈室或体操房的软垫子（以保护好膝盖）上爬行。在垫子上投放一个软软的小皮球，让幼儿拿着尾巴来打皮球，每个人要能打到三次才算完成任务。

在现实生活中，小壁虎自然无法用尾巴击打皮球，但在这个游戏中，幼儿可通过"尾巴"与球的互动来享受游戏的乐趣。至于能否巧妙地用尾巴将小球送入球门，这完全取决于幼儿的创意发挥。此外，尾巴的长度——无论是长还是短，都将根据游戏的故事情节或难度等级来设定。

第五节 大班体育教学活动"烤肠滚滚"

一、设计意图

在一次户外活动中，小朋友们在地垫上玩耍，一个小朋友在垫子上来回滚翻，另一个小朋友看到了说："你这样很像烤肠在烤箱里，好好吃。"说完，只见她也躺下去，结果翻着翻着就翻到地上去了。可见，幼儿们对身体侧滚翻这个动作还是很感兴趣的，但是动作要领掌握得不是很好。侧身滚翻游戏活动有助于提高幼儿的身体协调性、平衡感和空间感知能力。对于大班幼儿来说，他们的身体控制能力和协调性已有了一定的发展，适合进行侧身滚翻的学习。幼儿可以在有趣的游戏中逐步掌握侧身滚翻的技巧，增强身体素质；同时，还能培养幼儿的合作意识和团队精神。

二、活动目标

（1）幼儿能知道简单的动作要求，大胆尝试身体侧滚翻动作。
（2）幼儿能与同伴合作探索以手脚爬行与身体侧滚翻为主的动作组合游戏。
（3）幼儿能体验合作游戏的乐趣，提高身体的平衡与协调能力。

三、活动准备

起点线、地垫12块、标志杯4个；热身操音乐和轻松音乐、音响、口哨等。

四、活动过程

（一）开始部分

热身律动：跟随音乐节奏，一起做热身律动操。

（二）基本部分

1.探索阶段
情景创设：小烤肠进烤箱。
基本玩法：将幼儿分成四组，依次玩侧滚翻游戏，探索如何侧滚翻通过地垫的动作。
师：调皮小烤肠准备进烤箱啦，你们会怎样通过这长长的烤箱呢？
教师鼓励幼儿大胆通过地垫，对能力弱者给予帮助。提醒幼儿可以尝试多种不一样的方法通过地垫。
让幼儿分享通过地垫的经验，教师鼓励幼儿尝试用同伴的方法通过地垫。

【分析】

教师在设计游戏时，必须确保游戏能够激发幼儿进行侧滚翻的"冲动"。场景设计与辅助材料的提供需要一定的技巧，关键在于如何点燃幼儿对滚翻活动的好奇心。这种好奇心应当巧妙地融入故事情节之中，而场景与辅助材料则用以支撑故事情节的推进。这样一来，幼儿做出侧滚翻动作便很自然。

在原游戏的基础上，需要增加一些有助于幼儿侧滚翻的材料，如粘粘衣、海绵球等。若能让幼儿穿上特制的粘粘衣，并在软垫上撒满海绵球，便能激发他们进行各种钻爬和滚翻的探索活动。此外，利用橡皮筋来设置不同高度和宽度的钻爬障碍，可以增加一定的挑战性，促使幼儿展现出较好的适应能力。

教师在引导幼儿时，应借助富有启发性的场景来激发幼儿的兴趣和探索欲。教师若简单地命令幼儿行动，幼儿虽会服从，但这种行为缺乏活力。在引导幼儿进行动作拓展时，必须有明确的目标，避免让幼儿漫无目的地进行探索。这样的探索行为应当为破解学习的关键点和难点打下基础，确保各个环节能够相互衔接，发挥承上启下的作用。

2.学习阶段

情景创设：滚翻的小烤肠。

基本玩法：将幼儿分成4组，站在起点准备进行活动。

师：小烤肠为了能让自己全身烤得很均匀，你们觉得可以怎样做？

【分析】

在分组游戏环节，幼儿们沿着教师预设的动线进行连续侧滚翻练习。这个循序渐进的活动设计既帮助幼儿逐步掌握侧滚翻的基本动作要领，也为后续更高难度的滚翻动作奠定了坚实基础。在实践过程中，教师观察到每位幼儿都展现出独特的运动特点：有的动作敏捷流畅，有的则更为谨慎舒缓。这种个体化的节奏差异恰恰体现了教师对幼儿自主探索的尊重与支持。特别值得关注的是，幼儿在滚翻过程中会自发地调整手臂动作。这些看似随意的肢体变化，实则反映了幼儿在运动中的思维发展轨迹。作为教师，应珍视幼儿这种富有创意的动作表达，在确保安全的前提下，鼓励幼儿大胆尝试不同的滚翻方式，让运动学习成为充满乐趣的动作探索过程。

在激发幼儿展现创意并展示侧滚翻技能的过程中，教师可以邀请个别幼儿进行动作示范，并对他们的手臂动作进行讲解，以此进一步激发幼儿的创意思维，促使他们主动拓展侧滚翻动作，从而获得更全面的身体锻炼。教师还可以引导幼儿进行角色扮演，模仿各种小动物进行滚翻比赛，或构建各种有趣的故事情节，以提高幼儿参与滚翻活动的兴趣。此外，教师应注意控制幼儿的运动量，例如，可以让幼儿在完成侧滚翻后跑步到指定地点，完成一个简单的任务后再跑回起点，或者在到达终点后连续进行单脚跳再返回到起点。

3.提升阶段

情景创设：芝士烤肠翻翻翻。

材料投放：准备4组地垫（各三块拼好）

基本玩法：小朋友两两合作，一名幼儿扮演"烤肠"趴卧在垫子上，另一名幼儿跪在旁边来"翻烤肠"，双手推动伙伴向终点快速侧滚翻。到了终点后，两人互换角色再次游戏。

师：这次顾客要求加上芝士包裹烤肠，我们来看看怎样用芝士包裹烤肠。

【分析】

教师向幼儿发出侧滚翻的指令，尽管他们扮演了一定的角色，但似乎并未表现出浓厚的兴趣。教师不应简单地认为"只要赋予幼儿一个他们喜欢的角色，他们就会对相关的活动和任务产生兴趣"，实际上，情况并非如此，一个经典的体育游戏，无论是在开始、进行中还是在结束阶段，都应包含一些能持续激发幼儿兴趣的元素。这些元素是激发幼儿内在动力的关键，也是教师教学技巧的核心所在。当教师意识到在侧滚翻过程设计激趣点并非易事时，应立即转变思路，在游戏的终点设置激趣点，确保幼儿能够喜欢并积极去体验游戏。至于在侧滚翻动作体验过程中能否预设激趣点，这当然是可能的，但这需要投入一定的时间。在此之前，教师必须准备应急预案，预留一定的弹性空间，先要保证活动能有趣开展，再拓展更加有趣、持续有趣的游戏思路。

在终点处可以设置一系列难度递增的挑战类游戏。例如，将海绵球投入悬挂在空中的雨伞中。雨伞的高度和大小均可调整，以适应不同难度的需求。若要提高挑战性，可以设置绳索，其能使雨伞摆动起来。若幼儿未能成功投入，必须重新尝试，每次仅限一次投掷机会。此外，还可以改变滚翻路线，或在路途中进行难度创设，如在轮胎或斜面上铺设垫子，让幼儿体验斜面滚翻的难度。难易程度可以根据实际情况灵活调整。

并非所有动作都能构建出引人入胜的游戏。许多动作本质上是单调乏味的，即使竭尽心思也难以找到激趣点。然而，教师可以采取间接策略，以退为进，不必急于在关键动作上进行设计，可以采取声东击西、虚实结合的方法，同样可实现锻炼目的。通过让幼儿对终点处的投掷游戏产生兴趣，在不知不觉中掌握了侧滚翻的技巧。

需要引起教师注意的是，幼儿的非智力因素在这里发挥了重要作用。教师通过捕捉幼儿的情感释放，能够有效地促进动作的发展，并且还可挖掘幼儿惊人的体力和智力潜能。当幼儿成功地将球投入雨伞时，会非常高兴；投不中时，会感到失落。如果一直投不中，他们会感到沮丧；但一旦经过多次尝试后最终成功了，他们会兴奋地大喊大叫，显得异常激动。

第六节 大班体育教学活动"小小鸵鸟跑"

一、设计意图

在早操活动中，不管是队列变形还是早操的动作编排，常常会涉及踏步和高抬腿这两个关键动作。然而，在日常观察中，笔者发现许多幼儿在做这两个动作时，经常出现动作变形或不到位的情况，如脚抬不起来、摆臂无力、手脚摆动不太协调。尤其在快速高抬腿时，幼儿的耐受力不足，无法很好地控制腾空与着地，导致落地不稳。基于以上问题，笔者围绕"高抬腿"，并结合"跑"这一动作，设计了活动"小小鸵鸟跑"，旨在加强幼儿的腿部力量（蹬地向前、向上运动），提升其平衡能力（腾空、着地）和协调能力（摆臂）。

二、活动目标

（1）幼儿能积极参与，感受游戏带来的乐趣。

（2）幼儿能够根据自身情况，尝试在高抬腿跑动中调整呼吸和步幅。

（3）幼儿学习高抬腿跑的基本动作要领，增强腿部力量和蹬摆能力。

三、活动准备

（1）物料准备：游戏音乐，铃铛绳3条（每条长5米），收纳筐若干，海洋球若干，沙包若干，报纸球若干，10个正方形纸箱（每个纸箱上贴有3面红纸、3面蓝纸），红色、蓝色圆形即时贴（每人一个）。

（2）场地准备，场景设置如下图所示：

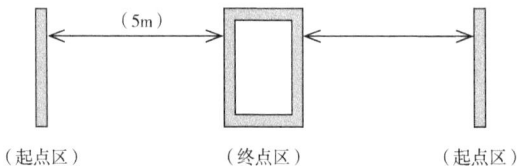

（3）预先练习：幼儿在日常走楼梯时登多级台阶；在早操活动中，体验原地踏步和原地高抬腿。

四、活动过程

（一）开始部分

（1）播放律动音乐，教师带领幼儿踏步进场，并进行热身动作，如头部转动、肩部绕环、扩胸运动、腰部扭转、膝关节和踝关节的伸展等，再针对腿部肌肉进行重点拉伸。

（2）热身小游戏：变速跑。播放节奏不同的音乐，引导幼儿根据音乐节奏的变化进行慢速跑和快速跑，让幼儿在游戏中感受跑动的不同速度。

（二）基本部分

1.探索阶段

情境创设：铃儿响叮当。

师：今天，我们都是鸵鸟王国里的小鸵鸟，请问小鸵鸟是怎么走路的呢？

基本玩法1：教师分解并示范鸵鸟高抬腿走的动作，鼓励幼儿模仿。

师：现在，老师就来给大家示范一下鸵鸟的高抬腿动作，大家要看仔细哦！

小结：原来鸵鸟在走的时候，要把大腿抬得高高的，最好是让膝盖抬到肚子这个高度；落下时，前脚掌先着地。

基本玩法2：在绳子上系若干小铃铛，将绳子绑在不同高度（50~80厘米）的柱子上。幼儿自由练习高抬腿动作，用膝盖触碰绳子。

师：可以自己选择不同的绳子，只能用你们的膝盖触碰铃铛，让铃铛发出声音。记住，只能用膝盖哦，挑战成功的话，铃铛就会发出声音啦！

教师要关注幼儿高抬腿的姿势，提醒幼儿用大腿发力，鼓励幼儿适当蹬地向上高抬腿，大胆去尝试。

【分析】

这个游戏具有一定的趣味性，幼儿在完成动作过程中涉及大肌肉群协调的腿部动作，颇具挑战性。在地上摆放一系列不同大小和高度的鞋盒，教师要求幼儿抬高膝盖跨过时，实际上已经是一种高抬腿的练习。设计试图通过铃铛来激发幼儿的兴趣，并获得成就感，但活动似乎不能太持久。笔者认为铃铛所引发的兴趣仅是短暂的，而且调整铃铛的高度也是一项费力的工作，设置得过高或过低都不理想。更恰当的做法是赋予幼儿一个任务，这个任务要设置在终点处。幼儿跨越动作的练习，只不过是完成任务过程中必须经历的一个环节。

教师准备各种大小和各种形状的盒子，分散摆放于操场上，即摆放于幼儿体验活动时的必经之地。然后，让幼儿迈开步伐，尝试跨过盒子。教师根据幼儿体验的情况，再进一步调整盒子之间的距离。紧接着，教师给幼儿一个小篮球，让他们手拿篮球再次尝试，看看是否能够灵活地跳过盒子，具体跳过的盒子的数量可由教师决定。

游戏中途位置设定完之后，就要在终点处"做文章"了。在终点处设4个篮球架（收纳筐），高度分别按高、中、低设置好。请幼儿再次抱球跨过鞋盒，将球投入指定的收纳筐中。若未能投中，幼儿必须重新跳过之前设定的盒子，然后再次尝试投掷。如果投掷成功，则可以重新进行体验。

为了提高幼儿的应对能力，教师仅需调整收纳筐的位置，便能显著增加游戏的难度。如果幼儿表现出色，能够轻松投中目标，教师可以安排一名幼儿手持泡沫棒站在收纳筐下方进行干扰。每当有幼儿尝试投球时，这名幼儿便将球击落，阻止投球。越是单调的动作练习，越需要游戏元素的点缀来提升趣味性。通过设置幼儿感兴趣的挑战难度，并在游戏中引入一些不可控的因素来干扰，可以激发幼儿自发地沉浸于动作探索之中。

2.学习阶段

情境创设：鸵鸟运食物。

基本玩法：幼儿分组，两人为一组，自由组队。幼儿扮演鸵鸟，听到教师口哨声后，幼儿以高抬腿跑的方式向中间的食物区跑去，拿到一个"食物"后返回，第二名幼儿再出发，依次轮流，一分钟内拿到最多"食物"的小组获得胜利。鼓励幼儿分享获胜经验，教师梳理总结。

【分析】

教师应当尽可能地赋予幼儿在方法和方式上的自主性，避免过多限制。动作因人而异，每个人都有其独特的个性展现，允许个性的存在。如果强制要求幼儿在进行高抬腿跑时执行特定的动作，可能会引起其反感。此外，不断强调某些动作的正确性而否定其他动作，可能会使幼儿产生困惑，抑制了幼儿的创造性思维。会导致他们认为，教师未提及的动作即为错误，从而限制了他们的思维和探索。实际上，优秀的教师应当能够针对当前遇到的难题提供有效的、合理的解决方案。

对于基础动作的发展，教师应能够为幼儿提供可参考的范例。对于个性化的动作拓展或适应性动作的发展，教师应为幼儿提供充足的时间和空间，以促其尽情发挥。在此过程中，教师应给予三个阶段的鼓励：在活动开始前进行鼓励、面对困难时给予鼓励，以及在幼儿取得突破时进行鼓励。

另外，高抬腿的动作有可能会出现在足球活动中，颠球时，幼儿很可能会利用高抬腿的动作。这就会联想到用气球代替足球，让幼儿试着用大腿来颠球。气球运行较慢，有利于幼儿尽快做出调整，动静结合，适宜操作。可提供不同大小、不同颜色的气球让幼儿挑选。除了让幼儿高抬腿来玩气球，还可以鼓励幼儿利用其他身体部位击球，但最好以大腿和膝盖击球。教师可以让每两名幼儿为一组进行合作，或者调整场景的变化，以此引发幼儿持续游戏的兴趣。

幼儿内在学习动力的培养需要满足三个基本条件，分别为自主、目标以及专注练习。人往往存在一种倾向：乐于教导他人，却不愿接受他人的教导。为了不让幼儿感受到"被教导"，教师必须展现出真诚的态度，确保幼儿能够充分体验到自主选择的权利。只有当教师表现出真诚，幼儿才愿意配合，并给予信任和热情的回应。若幼儿缺乏必要的自由，其情绪必然不佳，随后设定的目标和练习也将失去意义。基于以上分析，教师在布置任务之前，务必进行周密的思考，明确哪些规则是必须遵守的，哪些方面可以自由发挥，以及所处的环境是否能够支持幼儿的学习与成长，在这样的基础上再去设定任务目标并进行练习，便能如鱼得水，事半功倍。

3. 提升阶段

情境创设：鸵鸟抢占粮仓。

基本玩法：粮仓处一共有10个箱子，其中5个箱子朝上那面为蓝色，其余5个箱子为红色。幼儿自由组队，每组4人，依次轮流用高抬腿跑的方式跑到"粮仓"处，每人每次只翻动一次箱子，让箱子与自己胸前即时贴颜色一致的那面朝上，则表示占领该箱子（即抢占了粮仓）。比赛时间为3分钟，哪一队占领的箱子数量最多即获胜。

师：你们在高抬腿跑时，觉得怎样调整呼吸和步幅才能更好地完成动作呢？

师：在强度比较高的跑步游戏中，需要保持稳定的呼吸节奏，比如"三步一呼、三步一吸"的方法，不要只用口呼吸或只用鼻呼吸，要口鼻混合使用（鼻子吸气、嘴巴呼气）。在高抬腿跑时，步幅不宜过大也不宜过小。过大的步幅可能会导致落地不稳，增加受伤的风险；而过小的步幅则会影响跑步的速度。

【分析】

此游戏的组织过于高结构化，不建议开展。另外，设计中提到的呼吸方法，并不适用于幼儿，过于成人化。类似的游戏还有蛙跳、走鸭子步、小螃蟹走等，都要引起注意。假如没有合适的场景支持，而仅凭教师的指令要求，非要幼儿做出相应的动作，这是极不合理的。

怎样才算合理呢？以蛙跳为例。将两张折叠垫拉开一定的距离，当作荷叶。让幼儿扮演小青蛙，从一张垫子跳到另一张垫子上，这样的蛙跳就比较适合。在这样的场景下，蛙跳要比立定跳远安全得多，也跳得更远。由此可见，动作练习是需要场景支持的。如果场景能支持动作，那么这个动作就是适宜的、自然的。如果场景支持不了运作，或教师并不具备场景支持的能力，还是不要轻易尝试了。

第七节 大班体育教学活动"有趣的弹弹球"

一、设计意图

五月份,广州进入雨季,只好组织幼儿在约40平方米的室内玩游戏。为了让幼儿获得更大的运动空间,所采用的运动器械不能太大,可选取网球做主要器械,既好玩又方便携带。网球与塑料箱组合,构建的弹球游戏深深吸引了幼儿往前跑去,这一来一回的跑动过程提升了幼儿的持久跑耐力,该游戏非常适合雨季在室内开展。

二、活动目标

(1)培养幼儿对投掷游戏的喜爱,体验团队合作的乐趣。
(2)幼儿能理解并遵守游戏规则,知道网球的弹性特点。
(3)提高幼儿身体的耐力性和协调性,培养其快速反应能力。

三、活动准备

网球若干、塑料箱若干、兜布若干、音响设备。

四、活动过程

(一)开始部分

热身运动:引入角色扮演,教师扮演网球精灵,带领幼儿进行趣味热身操活动。

(二)基本部分

1.探索阶段
情景创设:网球精灵的新家。
基本玩法:幼儿分组进行接力赛,每组幼儿手拿网球,从起点出发,到达指定位置后尝试将球弹入箱子。成功后迅速返回,换下一名队员出发;未成功则需立即捡球返回,重新尝试。最先完成所有队员投掷的小组获胜。
引导幼儿注意观察:轻轻一弹,球会飞得近;用力一弹,球会飞得远。
师:网球精灵赋予了我们神奇的力量,让我们尝试用这力量帮助它回到新家。
指导要点:鼓励幼儿探索不同的投掷技巧,培养他们的创新思维能力。

【分析】

在分组接力活动中,幼儿首次尝试将网球投向地面,使其反弹后落入箱子。在实际操作中,最难掌握的是投掷的力度和方向,这需要幼儿通过不断地尝试来提升能力。由此可见,这个游戏具有一定的挑战性。为了增强幼儿的自信心,教师必须仔细观察幼儿的实际能力和需求,并及时调整运动场景。

教师可以提醒幼儿，在快速奔跑之后，适当调整呼吸节奏，比如深呼吸几次，以便迅速恢复状态后再进行投掷。同时，可以设置不同距离的投掷点供幼儿选择，自主体验。对于多次成功投掷的幼儿，可以邀请他们分享经验，以此鼓励其他幼儿尝试不同的投掷技巧。

2.学习阶段

情景创设：风中的挑战

基本玩法：幼儿分组继续进行接力赛，每组幼儿手执网球，从起点出发到达指定位置后尝试将球弹入箱子。教师拉动箱子左右移动起来，使得投球更有难度。

师：风儿变大了，网球精灵的家被吹到很远地方了，它回家得需要更多的力量来帮助它。

指导要点：强调团队合作的重要性，鼓励幼儿在回程时加速奔跑，增加运动强度。

【分析】

这是一个锻炼幼儿耐力的跑步游戏，其中投掷网球的环节仅作为吸引幼儿从起点A移动至终点B的手段。教师最为关注并认为具有挑战性的部分是从A点到B点的移动过程。在这一过程中，教师需要提醒幼儿注意几个关键点：首先，如何以更省力的方式跑步，正确的跑步姿势能够使幼儿跑得更久，从而有更多机会反复投掷网球。其次，如何在折返跑中保持积极的心态，不受其他小组的干扰，持续进行跑步。因为在这个环节，幼儿可能会发现投球变得困难，这可能会引起其产生不良情绪；同时，看到其他小组的小伙伴投球精准，幼儿内心难免会感到紧张和担忧。第三，如何通过调整呼吸，使跑步更轻松些，这正是耐力跑的关键所在。幼儿能否持续跑步与其呼吸方式密切相关，如果幼儿在跑步时咳嗽剧烈，要小心他可能会呕吐；相反，如果幼儿跑了许多圈却一点也不咳嗽，这可能表明他的身体耐力较好。通常，在极度疲劳时有氧呼吸的节奏是吸三口气后吐三口气，教师可以在关键时刻提醒幼儿注意这一点。

在游戏体验中，教师提醒幼儿要劳逸结合，注意及时擦汗和休息。引导幼儿关注自己的呼吸，深入探索耐力跑动作与呼吸协调配合的方法。请一名幼儿进行示范，展示他如何放松地跑步、如何冷静地投球，以及如何调整呼吸以持续跑得更久。此外，在奔跑过程中可设置一些障碍物，例如放置报纸、纸箱、鞋盒、奶粉罐、雪糕桶等辅助物品。放置这些辅助物品的目的是考验幼儿在折返跑时是否容易分心，或者是否能够保持呼吸节奏稳定。

这些辅助材料构成了一个难度梯度体系，旨在解决折返耐力跑时的均匀呼吸等技术难题。至于终点处的"投掷小球入箱"游戏，它作为终点的一个趣味性环节，其难度梯度与激趣点并不在同一位置。然而，这个激趣点有效地完善了难度梯度体系，显著增强了幼儿锻炼效果。教师必须能够辨识激趣点与难度梯度体系之间的联系，以及如何恰当地进行运用，以避免将活动的重点和难点与激趣点相混淆。

在进行耐力跑训练时，务必避免突然加速。加速会导致幼儿能量迅速消耗，可能导致幼儿出现短暂的缺氧而感到头晕目眩的状况，因而难以继续跑步。如果场地足够宽敞，可以适当进行追逐跑游戏。在宽阔的场地上，幼儿在感到疲劳时可以稍作休息，等同伴追上来后再继续跑动，这样的间歇足以让幼儿恢复体力。然而，在较小的场地中，情况则大不相同。由于空间有限，幼儿还没跑几步就可能被追上，因此不太适宜进行剧烈的追逐跑活动。在这种情况下，更适合进行一些对速度要求不高的耐力跑游戏，保持稳定节奏，同时将注意力转移到其他有趣的活动上。

3. 提升阶段

游戏：兜布伙伴。

基本玩法：幼儿使用兜布代替手投球，尝试将网球投入箱子。

师：网球精灵的朋友——兜布也加入了我们，让我们一起用它来帮助网球精灵回家。

师：现在是真正的挑战时刻，让我们看看哪一组能用兜布送最多的网球精灵回家。

【分析】

让幼儿手持兜布，装着网球向前奔跑，抵达终点后将网球投入箱子中。此活动的挑战在于，通过引入辅助工具兜布，操作变得更为复杂。通常幼儿跑步较快，然而，速度过快又可能导致网球掉落，影响游戏的连贯性。辅助工具的使用可能会减缓幼儿的跑步速度，要使幼儿巧妙地控制跑步速度，以免速度过慢导致跑步变成行走，从而失去游戏的意义。因此，选择合适的辅助工具显得至关重要。

在行进的路途中可以放置一些雪糕桶作为障碍物，让幼儿在奔跑时绕行；或者设置一些拱门，让他们在跑动中穿梭；甚至跑动过程中躲避投掷过来的小球等。然而，耐力跑则截然不同。因为到了耐力跑的后期，坚持变得尤为艰难。如果在此基础上出现忽上忽下、忽左忽右、忽前忽后的变化，无疑会引发幼儿的不安。实际上，幼儿越是感到疲惫，越需要让其忘记奔跑的劳累，这时可以利用手中的布兜来转移他们的注意力。因此，难度设置确实能够激发幼儿在心力、胆力、体力上的潜力。

在关键环节，教师必须提醒幼儿的是，要进行有氧呼吸练习以维持体能。当幼儿已经汗流浃背，但呼吸依然平稳，并且能够坚持游戏，额头上的汗水未能影响他继续快乐地玩耍，这是教师最希望看到的情形。然而，也有一些幼儿看起来已经筋疲力尽，呼吸急促，这时需要帮助他们纠正呼吸方式，或者让他们休息一下，擦擦汗水。因为很多时候，幼儿并非不懂得耐力跑的重要性，而是因为他们难以控制自己。

第三章 幼儿园体育教学创新设计

第一节 幼儿园跑步类教学设计

一、活动特点

（一）经典游戏多，规则玩法可调整

跑步类教学活动在提升幼儿体能素质方面表现出显著的效果，成为备受推崇的方法之一。这些活动之所以广受欢迎，是因为它们的玩法既简单又富有变化，而且不需要特定的场地、复杂的器械或大量的人数，因此幼儿们对此类活动总是乐此不疲，乐在其中。

在体育教学活动中，跑步游戏具有巨大的改进潜力。许多常见的体育器械和道具都可以为跑步活动增添新鲜感和刺激感，使幼儿在玩耍中体验到更多的乐趣。此外，教师还可以根据幼儿的实际表现灵活调整游戏的玩法、增加难度，从而更有效地提升他们的运动能力。

除了基本的跑步动作，教师还可以引导幼儿进行局部动作的拓展或与其他动作技能融合。这样的教学方式不仅能让幼儿形成新的动作经验，还能激发其进行创意表达，使其在探索中体验成功的快乐。

（二）体力消耗大，安全意识需加强

跑步教学活动往往充满活力，然而，高强度的运动也容易使幼儿体力过度消耗。因此，教师在规划教学流程时，应巧妙地融合动与静的练习元素，精心调控跑步游戏的强度、频率和时长。跑步活动通常在户外进行，为了保障幼儿的运动安全，不仅要求场地大小与参与人数相匹配，还对幼儿的着装和鞋子提出了严格的标准，从而最大限度地预防意外发生。特别对于体质较弱的幼儿，教师应特别关注，根据他们的能力让他们加入适合的小组进行活动。此外，在跑步过程中，教师还应教授幼儿一些自我保护的技巧，提升其安全意识，让他们能够在遇到危险时迅速做出反应。

（三）锻炼效果好，重点难点要把握

在跑步类教学活动中，预设重点和难点是至关重要的。重点内容的教学并不是为了游戏而游戏，而是作为一种手段，旨在解决体能上的不足并帮助幼儿获得出色的运动技巧。特别值得强调的是，这种教学方式充分利用了他们的自主性和好奇心，这是幼儿阶段独有的。

当幼儿参与跑步游戏时，需要依据教师布置的任务，独立行动或与同伴合作。在经历熟悉阶段、适应阶段和改变阶段这三个阶段后，他们不仅克服了种种困难，还掌握了动作技巧，并能够熟练地运用这些技巧发挥创意。

在游戏中，完成重点和难点的时间越短，锻炼效果就越显著，这也反映了教师的教学水平。值得注意的是，有些人可能会误认为重点、难点就是追求速度，但这种理解是片面的。实际上，跑步类教学活动的重点与难点是基于具体问题来设定的。例如，如果发现幼儿的平衡感有所欠缺，教学重点就应该放在变向跑上，而难点则在于如何躲避滚来的大笼球；又如，若幼儿的腿部力量不足，教学重点可以是斜坡跑，而难点则在于斜坡推轮胎跑。重点与难点的关系类似于"学"与"用"，它们相辅相成，互为因果，共同构成了教学活动的完整框架。

（四）雨季也无惧，室内运动要研发

雨季时分，室内活动变得尤为重要。在此环境下，开展小场地跑步游戏是一种理想的运动方式。跑步游戏的魅力在于它不受场地大小的限制，即便是在仅有的50平方米空间内，也能创造出好的运动效果。在室内进行小场地跑步游戏时，建议以折返耐力跑为主，避免过多地追逐与躲避。若条件允许，可在面积较大的音乐室或功能室，如果参与分组游戏的人数不多，也可尝试进行一些追逐跑活动。

尽管场地空间有限，但通过合理的分组游戏设计，仍能充分满足幼儿的运动需求。课室周围的走廊与楼梯亦可作为跑步游戏动静结合的过渡环节的场所，为幼儿提供更多的运动空间。为了实现这一目标，需要教师在运动场景开发技术方面下功夫，以创新和拓展室内运动空间。

二、场景要求

（一）聚焦时效性，场景布置要周到

跑步教学活动的游戏场景布置被业内人士简称为布场。布场这一环节在整个教学流程中占据着举足轻重的地位，它是为应对本次教学活动的重难点而精心设置的。布场的细致周到与否直接关系到教学活动是否能够达到预期的效果。通常情况下，布场工作是在教学设计完成之后进行的，然而，它也会随着教学设计的变动而灵活调整。

在实际操作中，很少有教师会先着手进行布场工作，然后再进行教学设计。然而，不少教师会根据场地的实际情况和可用材料的特性来反向"指导"教学设计的制定，这正是常说的"因地制宜，因材施教"的教学理念。特别是在异地借班教学的特殊情境下，教师只能依赖当地现有的资源和条件来进行布场。尽管环境和条件在不断变化，但教学的初心和目标始终如一，都是围绕着提升幼儿体质、解决幼儿体质中出现的各种问题来进行精心设计和灵活的调整。

（二）聚焦安全性，规则变化要灵活

在布场的过程中，教师大多会注重场景的实用价值，这种实用性有助于减少教师的指导工作，让幼儿们在游戏中能够更自由、更尽兴地玩耍。有些布置已经能够引导幼儿进入一种更为直接的循环体验，无须教师过多强调规则，而是要尽可能地给予他们探索和实践的空间，将游戏的主导权真正地交给幼儿。

然而，也有一些布场设计令人担忧，其不仅不利于幼儿快速建立规则意识，还可能引发各种安全问题。这些问题的根源来自布场技术的不足，例如，跑步类教学活动对场地和材料的安全性有着极高的要求，如小石子、小木棒或是胶地跑道不平整都可能成为安全隐患。

在农村地区，这些常见的游戏场景可能并不会引起太多关注。但为了确保幼儿的安全，需要预设可能的风险，如幼儿摔倒时可能产生的后果。可以教授幼儿一些自我保护的动作，以减少意外风险；同时，通过控制游戏人数、缩小游戏场地或简化游戏规则，也可以有效地降低游戏的危险系数。在布场时，教师必须保持高度的警惕，不能放过每一个细节。

（三）聚焦自循环，激发运动内驱力

为了激发幼儿的内在动力，促进其全面发展，教师需要精心设计一个能够自我驱动、自我循环的运动场景。运动场景作为幼儿活动的重要载体，其设计直接关系到幼儿自主性的激发、目标追求的明确和专注精神的培养。因此，教师必须具备相应的场景设计能力，确保每一个游戏活动都能形成一个闭环，让幼儿在游戏活动中不断挑战自我、提升自我。"自循环式"运动场景设计，正是一种符合这一需求的设计模式。它通过构建一个完整且合理的运动环境，使幼儿能够在其中自主游戏、自我挑战，并在教师的引导下逐步成长。这种设计模式不仅减轻了教师的负担，提高了教学效率，而且极大地促进了幼儿全面发展。

在实践中，"自循环式"运动场景设计得到了广泛的应用。在自主游戏中，教师可以通过设计多样化的运动区域和器材，激发幼儿的兴趣和好奇心，让他们在探索中学会独立思考并解决问题。在体育教学中，教师可以根据幼儿的身体素质和技能水平设计不同难度和层次的运动任务，让幼儿在挑战中提升自我。在集体游戏中，教师则可以通过组织互动游戏、合作游戏等活动，培养幼儿的团队协作能力和社交技巧。

通过"自循环式"运动场景设计，教师可更好地引导幼儿进行自主学习，培养他们的独立性、创造力和解决问题的能力。同时，这种设计模式也有助于提升幼儿的自信心和成就感，为他们未来的成长打下坚实的基础。

三、六个策略

（一）循环自主法

此种方式的核心在于激发幼儿的兴趣，鼓励他们随时与同伴一同探索与玩耍。在这种模式下，幼儿能够自由循环地进行游戏，而教师的角色更多的是作为观察者，而非直接参与者。教师要细致地观察幼儿的游戏进程，确保游戏的进行既安全又有序，并在必要时进行适当的调整。

要让跑步游戏顺畅进行，每个参与者都需要对游戏规则有清晰的认识并严格遵守。在游戏初期，教师的引导作用至关重要。教师可以通过降低游戏难度，帮助幼儿逐步熟悉并理解游戏规则，同时培养他们在"规则框架内"灵活应变的能力。但无论如何变化，遵守规则始终是核心。当游戏中有幼儿"被抓"或行动失败时，教师应按照事先设定的规则进行处理，对每一个幼儿都一视同仁，确保游戏的公平公正。

（二）角色激活法

这种方法的核心在于教师对游戏方式的灵活调整，通过现场观察幼儿的表现调整游戏方式以激发他们对跑步的兴趣。为了达到让所有幼儿加速奔跑的效果，教师可以巧妙地安排跑速较快的幼儿进行追逐游戏，当幼儿的运动量达到一定水平后再引入跑速较慢的幼儿进行追逐，以保持游戏的多样性和挑战性。

在游戏开始时，教师通常会亲自示范，帮助幼儿熟悉游戏的玩法和角色的行动轨迹。随着幼儿对游戏规则的掌握，教师可以逐渐引导认知能力较强的幼儿来担任关键角色，并逐步邀请其他幼儿参与替换，形成一个动态的循环过程。

幼儿在游戏中所扮演的角色是丰富多样的，这些角色可以根据游戏的玩法进行转变，也可以由幼儿们共同商议决定。角色激活法作为一种游戏情景应用策略，不仅限于传统的人物角色，还可以鼓励幼儿发挥想象力，扮演各种有趣的其他角色，如老鹰、喜鹊、飞机、星球、蚊子、黑猫警长等。通过将这些角色与跑步类游戏相结合，能够创造出更加丰富多彩的游戏体验，使幼儿在欢乐中锻炼身体，提升协作能力。

（三）道具互动法

此方法的核心在于教师对辅助道具的运用技巧，而这些道具的选取和应用，都需从近至远审慎考量。教师常常需要敏锐地观察身边哪些材料可随手拈来，考虑如何将这些材料的功能发挥到极致，以及如何与主要材料完美融合，创造出引人入胜的互动效果。在互动过程中，教师还需细致考虑互动的形式，无论是幼儿间的互动、师生间的互动，还是幼儿与道具间的互动，每种情境下对道具的选取和安全性要求都各有差异。

若道具由教师控制，则多数情境下形成的是师生间的互动。当道具交由幼儿自行操作，与其他幼儿进行互动时便形成了幼儿间的互动。若幼儿利用道具独自游戏，自主深入探索，则形成了幼儿与道具间的互动。道具互动法的核心在于如何巧妙地运用道具创造出丰富多彩的互动体验，而非仅仅局限于师生或幼儿间的互动。

（四）难度递进法

这种方法的核心在于通过细致观察幼儿的实际表现来提供针对性的支持和引导，从而使跑步类教学活动更加富有成效。随着时间的推移，幼儿的跑步能力会经历显著的成长和变化，这就要求教师具备灵活应变的能力。具体而言，教师的应变要体现在对游戏难度的精心策划和调整上，这通常被称为游戏"玩法渐变"。实际上，如果教师在关键的节点上未能及时增加游戏难度，幼儿的跑步能力很难得到持续且有效的提升。因此，教师需要具备敏锐的观察力和精准的识别能力，以判断何时以及如何调整游戏的难度。

值得注意的是，虽然游戏本身是一种让幼儿感到快乐的活动方式，但游戏仅仅是实现教学目标的一种手段。如果游戏的方式选择得当而教学方法不得当，那么实现的教学效果也会大打折扣。因此，难度递进法作为一种经过实践检验的教学策略，被广大教师所青睐。这种方法不仅能够确保幼儿在游戏过程中保持高度的兴趣和参与度，还能够有效地促进他们跑步能力的提升。

（五）危险破除法

这种策略是一种逆向思维，专门针对游戏难度逐步提升情况，其核心目的在于确保幼儿在运动过程中的安全。在现实的教学实践中，有的教师往往将游戏难度与潜在危险混为一谈，错误地认为难度越高的游戏就越具风险，难度高的游戏会将幼儿置于潜在的危险之中，这种观念必须得到纠正。

以跑步游戏为例，起初可能只是简单的徒手跑，难度相对较低。然而，当在跑步中加入一些元素，如手拿海绵球跑动，游戏的难度便有所提升；进一步，如果给幼儿设定一个任务，如在奔跑中躲避"追捕"并将海绵球准确地投入指定的桶中，难度会再次增加。尽管这些跑步游戏的难度逐渐提升，但它们并不带有实质性的安全风险，只要教师在游戏中教授幼儿一些基本的自我保护技巧和动作，他们便可以在享受游戏乐趣的同时能确保自身的安全。

反之，如果教师在跑步游戏中使用一些长绳子来设置障碍，如绊脚等，这种游戏就极具危险性。因为幼儿在游戏中很难准确地判断绳子的位置，稍有不慎就可能被绊倒,从而造成意外的伤害。这种看似增加了游戏难度的做法,实际上大大增加了游戏的风险性,其安全性难以得到保障。因此,教师在设计游戏时,必须充分考虑到幼儿的安全因素,确保他们在游戏中既能得到锻炼,又能保证安全。

(六)动作探索法

此方法的核心在于促进幼儿的脑力发展,并进一步提升他们对身体各类动作的控制能力。在教学活动中,动作探索法贯穿始终,其随着游戏的任务和目标而不断深化。其目的在于探寻最合理、最有效的动作姿态,以解决实际问题。

动作探索的起点总是基于某个具体问题。以跑步为例,假设在跑步过程中需要避开移动的垫子,幼儿就需要在跑步的同时保持高度警觉,灵活应变,随时准备进行折返跑或变向跑。如果垫子"追着"自己跑,那么幼儿要在变向跑的同时还要探索变速跑的动作。

无论是变速还是变向,每种动作形态都有其独特之处。那么,哪个动作最有效?这需要教师细心观察和准确识别,以确保幼儿能够继续沿着动作有效性探索的正确轨道前进。通过这样的方法,不仅锻炼了幼儿的身体协调性和反应能力,还培养了他们的观察能力和创新思维能力。

四、实践案例

◆跑步类教学活动"关门"

(一)活动描述

在阳光明媚的午后,一群活泼可爱的小朋友正在操场上玩着名为"关门"的经典游戏。游戏中,一名稚嫩的幼儿扮演了大灰狼,而其余的幼儿们则化身为温顺可爱的小羊。他们在这个宽阔的场地上,以沙包作为食物的目标,展开了一场别开生面的"追逐战"。

沙包被精心地放置在操场上的指定位置,它们就像散落的珍宝,等待着小羊们来采集。随着哨声响起,游戏正式开始,小羊们纷纷从各自的家中跃然而出,他们迅速奔向那些诱人的沙包。

然而,在这欢乐的氛围中,危险也在悄然逼近。大灰狼,这位潜伏在暗处的猎手开始了他的狩猎行动。他四处巡看,寻找着那些疏忽大意的小羊。面对大灰狼的威胁,小羊们除了要灵活躲避之外,还有一个特殊的武器——他们可以高声呼喊"关门",一旦喊出这个口令,他们便会迅速双臂交叉在胸前,稳稳地站住,仿佛已经穿越到了安全的屋内。当大灰狼转身去追逐其他的小羊时,那些已经"关门"的小羊们会抓住时机,再次喊出"开门",随着双臂做出开门的动作,他们重新

"获得了自由"，可以再次在操场上尽情奔跑。此刻，他们的目标异常明确：不仅要巧妙地躲过大灰狼的追捕，还要将那些珍贵的沙包安全运送回家。

然而，游戏总是充满了挑战与未知。如果小羊们在喊出"关门"之前不幸被大灰狼抓住，他们便不得不暂时停止游戏，接受"失败"。但不管结果如何，无论是扮演大灰狼的幼儿还是那些扮演小羊的幼儿们，他们都深知游戏规则的重要性。被抓了就要停止游戏，没有被抓到也要保持谦逊和诚实，这样才能真正体现出良好的游戏信誉。

在一片欢声笑语中，幼儿们不仅锻炼了身体，还学习了团结协作、遵守规则和勇敢面对挑战的精神。他们在这个充满阳光和活力的操场上，留下了童年最美好的回忆。

（二）创新实践

1. 循环自主法

在幼儿们热衷于"关门"游戏的欢乐氛围中，扮演大灰狼的幼儿需要持续追逐其他的小伙伴，这无疑是一项体力上的挑战，其容易感到疲惫。为了确保游戏的持续进行和幼儿们的积极参与，一旦小羊被抓获，他将接过大灰狼的角色，继续这场追逐游戏。为了确保游戏的公平性和顺利进行，扮演大灰狼的幼儿需要有一个明确的起始出发位置，他可以高举手臂，吸引其他幼儿的注意。此外，一个更为直观且实用的方法是，让扮演大灰狼的幼儿穿上特定颜色（如红色）的标志服，这样不仅能迅速区分角色，还能为游戏增添一抹亮眼的色彩，让幼儿们更加沉浸于这个充满趣味和刺激的情景中。

2. 角色激活法

在"关门"游戏的进程中，不断地切换人物角色可为游戏增添不少趣味性。教师可以巧妙地将大灰狼的角色转变成老鹰，这时，负责追逐的小伙伴需展开双臂，模仿老鹰展翅飞翔的姿势，迅猛地捕捉目标。同时，小羊的角色也可灵活转变为小鸡，当老鹰逼近时，小鸡们需用手捂住头部，迅速蹲下以躲避攻击，并大声呼喊"关门"。为了增强小鸡们的防御力量，游戏中还可引入鸡妈妈的角色。一旦发现老鹰向小鸡们发起攻击，鸡妈妈会迅速冲上前来进行拦截，迫使老鹰改变攻击方向。此外，游戏中还可以加入一些小鹰的角色，它们与老鹰一同合作捕捉小鸡，这无疑增加了小鸡们逃脱的难度，使游戏更具挑战性。

3. 道具互动法

在这款游戏中，原本并不需要依赖任何道具，其魅力在于幼儿们能够不受任何限制，随时随地沉浸于这个经典的游戏之中。然而，在实际的游戏体验中，如果巧妙地融入一些道具，或许能为游戏增添更多趣味。想象一下，如果给大灰狼配备一些泡沫棒，它的手臂就会变得异常长，捕捉小羊的任务变得轻而易举。这样一来，小羊们必须更加敏捷,眼神也要更加锐利,才能灵活应对大灰狼的追捕。同时,可激发幼儿的兴趣和好奇心,泡沫棒设计可从短到长逐渐变化,为游戏增添更多趣味。

此外,还有一些可以投掷的道具,如泡沫圆环和海绵球等。一旦这些道具击中小羊,小羊就不得不束手就擒。与此同时,小羊们也可以拿起盾牌,巧妙地挡开大灰狼投掷过来的海绵球。而另一种道具则是由教师操控的,一个巨大的呼啦圈被绳子吊起,仿佛一张圆形的渔网,等待着捕捉那些"惊慌失措"的小羊。

当然,在实际操作中,这些道具的运用并非易事,每个道具都有其独特的操作技巧,值得去深入研究和探索。这样的设计不仅丰富了游戏的玩法,也让幼儿在游戏中得到了更多的乐趣。

4. 难度递进法

为了确保教学活动的顺利进行并解决其中的重点和难点,至少需要预设三个难度递进的环节。首先,游戏的初始阶段应相对简单,以便幼儿能够轻松掌握规则并迅速融入其中。在这个阶段,可以设定大灰狼以较慢的速度奔跑,使幼儿有机会熟悉游戏的基本操作和躲闪技巧。

随着幼儿对游戏规则的逐渐熟悉和技能的提升,可以开始观察其实际表现,并根据需要为他们提供适当的指导。接着,可以逐渐增加游戏的难度,例如通过调整大灰狼的速度和敏捷度,或者是改变游戏道具的大小和长度,以提升幼儿的反应能力和协调性。

为了进一步激发幼儿的团队协作能力和策略意识,还可以引入团队合作的游戏元素。例如,可以让幼儿手拉手共同奔跑,或者是两人合作拉着泡沫棒进行跑动。相应地,大灰狼也可以两两组合,拉着泡沫棒一起追逐小羊。这样的设置不仅增加了游戏的趣味性,还能培养幼儿在游戏中的合作和沟通能力。

随着游戏难度的递增,小羊躲闪的技巧和速度会受到更大的挑战,而老狼追逐的难度也相应增加。这种平衡的设计确保了游戏双方实力的对等性,使得教学活动更加具有挑战性和吸引力。通过这样的游戏设置,不仅能够解决教学中的重点和难点,还能激发幼儿游戏的兴趣。

5. 危险破除法

本方案设计的核心在于对"关门"游戏的全面升级与完善,进而确保游戏的进行更为安全。这意味着,教师需要加强对游戏细节的把控,一旦发现潜在的安全隐患,应立即着手进行调整。遵循"不破不立"的原则,需先消除潜在的危险因素,为真正的安全保障奠定基础。

以游戏中的一个具体场景为例,如果大灰狼直接用海绵球扔向小羊的脸部,这显然是不合适的。针对这种情况,教师应迅速提出调整方案,规定海绵球只能投向小羊的头部以下位置。若在游戏中多次出现幼儿被球打中头部或脸部的情况,教师必须果断舍弃这种材料，展现出在安全面前"绝不手软"的决心。同样地，当大灰狼手持长泡沫棒追逐小羊，如果将泡沫棒直接打在小羊的脸上或头上时，这也是不被允许的。一旦发现此类行为，教师应立即喝令制止，并反复向幼儿强调安全的重要性。通过实施危险破除法教育幼儿："虽然你们具有冒险精神，但需要细心谨慎，要学会保护自己和同伴。"

6. 动作探索法

实施动作探索这一方法的核心目的是促进幼儿脑力和体力的和谐协调。提高幼儿跑步能力，促进脑力发展仅仅依赖单一的跑步动作显然是不够的，在某些情况下，幼儿需要快速应对并做出适应性或主动性的改变。想象一下，当幼儿正在跑步时，一根树枝突然从树上落下，此时，他们需要迅速挥舞手臂将树枝挡开，避免受伤。这种对突发情况的警觉和灵活应变能力正是我们所期望的。

在日常生活中，幼儿可能会遇到各种紧急情况而需要做出应变动作，每个幼儿可能会有自己独特的反应方式。因此，在休息时间可以经常性地询问和提醒幼儿，例如，"当有人撞向你时，你会怎么办？"或者"当你跑进一个迷宫时，你会如何确保自己的安全？"通过这些问题，教师可以鼓励幼儿思考并分享他们的应对策略。

此外，教师还可以引导幼儿关注自己的每个动作姿势。通过这种方式，幼儿可以学会如何释放和表达他们的本能性动作。

第二节　幼儿园跳跃类活动教学设计

一、活动特点

（一）跳跃动作创新与协作共融

跳跃类活动因其多变的动作特性，提供了丰富的动作探索空间，使幼儿得以充分发挥其创造力。这些动作包含单脚跳、双脚跳、开合跳或换腿跳。跳跃动作作为人在三维空间中的一种运作表现形式，其本身就涵盖前后、左右、上下六个方向的拓展性。因此，可以进一步探索向前跳、向后跳、向左跳、向右跳、跳上高处、跳落地上等丰富多样的跳跃形式。同样地，投掷类活动等其他运动类型也可依此类推分为前后、左右、上下六向性。当教师对动作进行细致的分类和层次性研究后，设计创编游戏也将变得不再困难。

在动作应用方面，特别是局部动作的应用，需要深入探讨。虽然整体上看似跳跃类运动是全身性的，但实际上，其蕴含着许多局部动作的微妙变化。这些变化是为了适应不同的运动环境，满足特定任务的需求。因此，教师不仅要关注幼儿的跳跃动作，还要仔细观察他们的局部细节动作，这些元素与跳跃紧密相连。

当幼儿面临如从高处跳入由呼啦圈制成的陷阱这样的场景时，需要考虑的问题便随之而来。例如，当幼儿的腿已经跳入呼啦圈，手应该如何放置以保持身体平衡？如果手中持有道具，又该如何应对？若道具较大，需要双手共同把持，又该如何调整动作？这些问题的解决依赖于幼儿对整体动作与局部动作的理解和掌握。这样的适应性训练能够使幼儿在面对不同情境和问题时能灵活应对，体现出跳跃运动的核心价值。

此外，幼儿之间的合作、同伴间的互动同样重要。在合作过程中，幼儿们需要学会相互谦让，并调整自己的身体姿势以适应团体运动的需求。合作本身就是一种动作的互补，例如，当两个幼儿手拉手共同前进时，他们需要通过调整手的位置来保持身体平衡。这种相互适应和迁就的过程有助于增强团队凝聚力，减少摔倒的风险。

若在合作中引入道具，如两人共同抱着一个大笼球从高处跳下，那么幼儿的身体姿势必会发生更大的变化。尽管这样的变化幼儿可能不太习惯，但这种变化不仅弥补了个人动作的不足，还体现了同伴间的默契与力量。同伴如同一面镜子，能够映照出彼此动作上的不足，通过相互观察和比较，幼儿更容易认识到自己的不足，并积极寻求改进和提升的方法。

从动作发展的角度来看，要特别重视动作发展的时效性。整体与局部动作的发展相辅相成，而支撑这两者发展的正是多样化的运动场景和辅助道具。这些道具旨在支持幼儿的动作发展，教师必须清晰地认识到这一点。现实中，有些人可能只关注表面现象而忽视了动作发展的全面性和深度。一个优秀的教师能够在短时间内通过调整场景布局，使幼儿的整体或局部动作得到明显的发展，从而快速有效地完成教学重点和难点任务。这样的教学效果不仅体现在使幼儿完成了既定的任务，还体现于激发了幼儿的创造力和个性动作能力。

（二）运动场景中主材料与辅助道具的搭配

跳跃类运动场景的构成，主要包括跳跃类主材料与辅助道具的有机结合。这种场景创设的智慧，以及材料搭配使用的合理性，对于提升教学效果具有重要意义。教师在这一过程中若能将自身的智慧巧妙地传递给幼儿，将对其在家庭与社区游戏中的表现产生深远影响。这一过程遵循着一定的规律，即由大到小、由近及远、由渐变到突变。材料的出现并非偶然，而是有其必然性。遵循这一规律与原则，可以实现体育活动的普及化，突破地域与物质条件的限制，让更多幼儿受益。

在具体实践中，跳跃类运动场景的主材料与辅助道具的科学搭配至关重要，这直接关系到场景的运动价值。主材料的选用应根据具体动作需求来确定，例如，设计从高处跳下的游戏，旨在提升幼儿的运动缓冲能力和自我保护能力，那么跳台的选取便是关键。在选择跳台时，需充分考虑其高度、大小等因素。若在实际游戏中发生安全问题，如起跳时桌子被踢翻，教师应及时调整策略，如将桌子并排放置，或更换为更重的桌子或选择其他类型的跳台。

在选定安全的主材料后，如何充分发挥其功能以吸引幼儿成为关键。而变化是维持幼儿兴趣的重要手段。通过不断改变游戏场景，如调整桌子的宽窄，可以创造出不同的跳跃体验。教师需敏锐捕捉这些变化带给幼儿的不同感受，并与幼儿产生情感共鸣以达到更好的教学效果。

部分道具旨在增加游戏的趣味性，另外一些则用于增强互动性，还有一些是为了提升游戏难度。具体的使用方式需根据实际情况进行灵活调整。若幼儿需要更高的挑战，应及时更新道具。遇到道具不符合实际需求的情况，应寻找其他合适的物品进行替代。在替换过程中，需确保与主题情景角色扮演保持一致，使游戏的进行自然流畅。与同伴的互动本身就是一种挑战，参与游戏的材料也别具趣味，例如，原先一个人进行的跳跃活动，现在可以两人合作抬起泡沫棒共同完成，这无疑增加了游戏的难度。此外，当地面设置障碍物时，障碍的多样性可通过多种材料进行创意布置。障碍物的数量、高度、大小和摆放形式均可根据游戏难度进行调整。这些策略的运用可以是同时的也可以是分散的，没有固定标准，完全由当时的实际情况而定。

二、场景要求

（一）激趣、启智

1. 聚焦"场景、角色、材料"来激趣

场地布置需遵循特定要求，以激发幼儿兴趣、启迪智力为目标，使幼儿在游戏中更加专注。当幼儿展现出高度专注力时，教学效果也将随之提升。

为实现上述目标，场地的布置需精心策划。大场景应注重环境熏陶与装饰的和谐搭配，以营造让人身临其境的氛围。而小场景则需关注音乐的选择、教师的表情管理以及安全隐患等方面，大小场景均应以激发幼儿兴趣为首要目的。此外，角色扮演与情节设置也是重要考虑的因素。主要情节应保持不变，而其余情节则需灵活调整，具体如何变化应由教师根据实际情况判断。角色变化不仅限于人物，还可包括小动物、树木、宇宙、星球等。对于大班幼儿，他们可能更喜欢角色的变化，因此教师在设计时需充分考虑这一点。选择适当的工具和材料对于激发幼儿兴趣至关重要。了解幼儿的教师会巧妙运用幼儿喜爱的材料，并对其进行分类与搭配，以实现最佳游戏效果。

综上所述，将场景、角色、材料三者有机结合，进行跳跃式教学场景设计，能有效达成激发幼儿兴趣和开发幼儿智力的目的。这一过程需要教师不断探索与优化，确保其在教育中发挥出应有的作用。

2. 预设"任务、难点、探索"进行启智

在布场过程中激发幼儿智慧的首要步骤是培养幼儿的任务意识。在任务的引导下，应该给予幼儿更多的自主权，教师在对幼儿观察和提醒的过程中解决最初预设的问题。

在实施跳跃类活动教学时，教师必须明确，幼儿的参与积极性并非完全取决于教师的要求。幼儿在以下两种情境下会表现出更高的参与度：一是对活动产生浓厚的兴趣，从而自然跟随；二是当他们明确游戏任务和目的时，感到有必要参与。因此，场地布置若能融合这两方面，便能更有效地吸引幼儿，增强其任务意识，进而对其智慧的启迪起到促进作用。

教学初期，教师需设定各种重点和难点。重点动作的学习不仅是为了掌握技巧，更是为了解决游戏任务中的难题。为此，教师需要设计明确且合理的规则，确保幼儿能自主而有序地进行探索。但在实际过程中，鉴于幼儿在游戏经验上的不足和对潜在危险的忽视，适度的指导仍是必要的。在保证安全的前提下，应尽量给予幼儿更多的探索空间，教师在这一过程中主要是陪伴、鼓励和适度的支持。

幼儿在活动探索实践中难免会遇到困难，此时教师的帮助就显得尤为重要。这种帮助可以是直接的，也可以是间接的，具体需要根据幼儿的实际情况进行区分。

同时，总有一些能力稍弱的幼儿，他们不仅需要探索的空间，更需要教师直接指导和纠正。因此，在游戏过程中，教学方法应灵活多变，模式不固定，教学场景也需随着教学方法的变化而不断调整。

（二）创造、提质

1. 遵循规律，循序渐进，引发探索

激发幼儿创造力的游戏的场景布局主要包含两种形式：一种是由教师进行构建，引领幼儿进入场景后，再逐步放手让他们自由发挥；另一种则是由幼儿主动构建，让他们在体验中摸索，教师在旁协助。从整体来看，无论是哪种形式，其难度都是遵循从简单到复杂，从缓到快的循序渐进的规律。而幼儿的创造力主要源于他们对场景中动作的理解。一旦他们能分辨出基本动作与拓展动作，就能明白主料与辅料的作用，进而敢于并乐于进行动作的创新。

以从高处跳下，双脚落地，屈膝缓冲动作为例，双脚落地为基本动作，而屈膝缓冲则是关键动作。那么，何为拓展动作？起初，幼儿在进行缓冲动作时可能需要双手放在腰间以保持稳定，但随着经验的累积，他们会在空间中展现出更高的灵活性，无须双手也能稳稳落地。也就是说，随着技能的提升，幼儿的双手获得了更大的自由度。此时，教师会设计一些更具挑战性的任务以满足他们的成长需求，例如，悬挂一个小球作为苹果，要求幼儿在跳下的同时触摸苹果。这样的任务设定能激发他们创造各种新颖的动作，并推动他们的创造力在完成任务的过程中逐步提升。即便是在单脚落地或单脚起跳的情况下，他们的创造力依旧能得到锻炼。

另外，如果要求两名幼儿合作，让两人手拉手一起跳起来触碰苹果，这样的场景将为他们带来全新的挑战和创意空间，其中的技术难度显而易见。更重要的是，此类合作任务能显著提升他们的创造力。若进一步变换场景，可将静止的苹果改为晃动状态，或调整其高度和位置，甚至在苹果上放置一条"毛毛虫"，那么他们所面临的任务和挑战将更加丰富多样，这将更加激发他们的创造潜能，并推动他们在有序的场景中不断突破自我，实现创意的无限可能。

2. 更新观念，统整视角，全面提质

跳跃类活动的教学虽然以游戏为主要形式，但教师必须重视其对幼儿锻炼的有效性。游戏并非仅为娱乐，而是需要在保持其趣味性的同时，注重其对幼儿发展的实际影响。对于游戏的质量，教师应当从多个维度进行深入思考，以评估其是否实现了有效提升。

从家长的角度来看，他们希望幼儿在教学活动中能迅速适应游戏规则，有敏捷、快速和有力的整体表现。而作为一名幼儿体育教育者，关注点则应放在幼儿动作的发展上，希望他们的动作舒展大方、灵巧有力，并确保其体能素质得到均衡发展。不论是从哪个角度出发，都应建立清晰的期望和目标，既不过于乐观，也不过于保守，要根据实际情况进行合理调整。

对于教师而言，除了布置外在场景外，自身的观念和潜意识问题尤为重要。教师的教学方式若过于激进或缓慢，都可能影响对幼儿活动的准确判断。因此，教师必须不断打破和重建教学方式，以确保其对外部环境的判断能够基于客观的态度。

此外，教师应时刻关注幼儿状态的变化，包括脑力、心力和胆力的变化，这需要一定时间的量变，需要教师能敏锐地察觉到可能的转变。只有真正开悟的教师，才能从渐变中洞悉转变的契机，从而精准地服务于幼儿的成长。若教师缺乏正确的教学观念和意识，他们可能无法准确地把握幼儿发展的情况，导致判断失误。

三、六个策略

（一）循环自主法

游戏一旦循环起来，教师就可以抽身出来纵观全局。教师应该具备将军和谋士的双重角色能力才能决胜千里。一节优质的体育教学活动，贵在让体育游戏自动循环起来，而不是一直需要教师来带领或参与。教师从游戏中抽身出来，意味着可以站在远处，从高维的视角看问题，从更加完整的视角来看待问题。这种循环自主法要求能让教师真正从游戏中跳出来，是一种智慧的行为。循环自主法使得幼儿成为游戏真正的主人，使得教师真正成为指导游戏的主人。在自循环游戏中，幼儿围绕具体任务从出发到回归，整个过程全由自己掌控，由自己创意表达。但是在自循环游戏之前，还需要教师先带一带，等幼儿进入状态后才可以反复循环，然后教师在外围再调整相关的游戏规则。

（二）角色激活法

游戏中的人物角色变化能对幼儿的情绪和心理适应有着比较直接的刺激作用，引发幼儿对游戏感兴趣。但是人物的设定主要来源于现实的场景，是一种运动场景的辅助。如果现实场景不允许那样的角色出现，而非要强加进去，那就显得不合时宜；如果有些现实场景特别需要那样的角色出现，那就是如鱼得水般的有效。因此，通常保持的观念是尽量不要强加进去，如果角色和场景的组合太过于牵强，或者有些分离，那就达不到激活内驱力的目的。人物故事的主要脉络都是教师想出来的，情节的变化主要是随着场景的改变而想象出的那种跌宕起伏的画面。

（三）道具互动法

道具并非越多越好，反而，道具越少对幼儿的锻炼越有效。道具的出现可引发师幼互动、幼幼互动。道具引发的互动，绝不能是为教师增加负担的，应该是减负的。如果道具的出现，在实际操作中将教师困住了，导致教师精疲力竭，那就得不偿失了。道具搭配和制作时教师稍微辛苦点，但是不能一直这么累。教师要明白"前累后不累"的道理，一定要从活动中"解脱"出来。道具搭配在满足幼儿互动的同时，也要能为教师减负，才可称得上最佳道具。真正好的道具不是在远处，而是在身边，教师要留意身边的生活物品。生活物品的创意使用或搭配能促进幼儿的认知发展，教师的创意行为也是一种重要引领。

（四）难度递进法

难度的递进是为了满足幼儿的能力需求，也是教师对幼儿运动水平识别的依据。如果一个体育教学活动，没有严格区分出高、中、低难度，则表明教师没有关注到同个年龄段幼儿的运动水平差异。教师应该在活动设计初期，就对幼儿的体能差异有所了解，并能分层次进行研究。在难度递进法使用过程中，要对预设和生成的内容有较强的调控能力，使得预设的难度与幼儿的真实水平相匹配。难度的预设多指幼儿的操作性任务和目的，并不是围绕动作技能的更高、更快、更强来设定。操作性任务难度一般都会围绕基本动作的拓展和创意使用来预设，主要考验幼儿的灵活应变能力和运动场景的适应力。

（五）危险破除法

危险破除法属于隐性一面，存在于游戏活动的整个过程中。教师要打起精神，除了一些常见的危险环节需要关注，还要多加注意游戏的转换环节。前一个游戏与后一个游戏进行转换时是最容易出现危险的。因为在教师讲解规则时，有些幼儿并未能理解，在不知所措时就最容易出错。为了消除各种危险，教师就要有一双善于预判的眼睛，能看得到游戏规则变化带来的各种结果。随机的调整也是需要技巧的，但总体把握的原则就是"心安为上"。假设教师发现一些令自己不太心安的地方，就要调整至心安为止。即使大家都知道并没有百分之百的安全，但也要在可控范围内进行环境创设。危险与冒险有着本质的区别，冒险是有安全底线的。冒险能够获得全新刺激有难度的体验，而危险则是让人心惊胆战，也是对教师教育观念的考验。有些教师让幼儿从很高地方往下跳，觉得有了垫子的保护就没事。可是如果从幼儿体重与膝盖承受力来看，再加上垫子的不同密度产生的反弹力，可能会产生肉眼难以分辨的内伤。多数教师很难发现这一点，总相信眼睛看到的，没有想到可能无法发现微观的、内在的安全隐患。

（六）动作探索法

动作的拓展需要教师提前预设好，目标精准才会使幼儿锻炼有效，才能引发多种创意技能的表达。幼儿阶段，除了对基本技能有一定的期望以外，更多的是注重拓展技能的体验。这些拓展技能也许是大家常见的，也或许是从没有见过的，时常会带给我们一些惊喜。多个动作组成了一个或多个运动技能，多个拓展动作可演变出多个新的技能。这些技能不是空想而来的，是为了完成游戏任务而自然发生的。要想使得动作自然发生，场景设计就要更有水平，更有激发动作持续探索的可能性。教师的场景设计技术越好，幼儿在动作方面的拓展就越好。场景中的辅助道具要有许多微观的调整，细节调整了，幼儿在宏观世界中的表现也就改变了。因此，动作拓展的技巧取决于场景中主、辅材料的尽用与巧用，以及教师以身示范的创造性表现。

四、实践案例

◆跳跃类教学活动"跳伞"

（一）活动描述

在幼儿园的大班里，幼儿对从高处跳跃的游戏情有独钟。于是，教师巧妙地设计了一个名为"跳伞"的游戏的活动，给幼儿带来无尽的欢乐。

活动现场，教师们精心布置了多张高度适中的桌子，模拟成幼儿心中的"小山丘"，高度刚好到达幼儿的膝盖附近，既安全又充满挑战性。幼儿可分成几个小组，轮流站在"小山丘"上，准备体验"跳伞"的激情。

游戏开始时，幼儿兴奋地站在高处，深吸一口气，勇敢地一跃而下，就像小鸟展翅飞翔。随着一次次的尝试，幼儿的勇气和自信逐渐增强。为了增加游戏的趣味性，教师还可准备彩色的塑料袋，让幼儿手持"降落伞"进行跳跃，模拟真实的跳伞场景，让幼儿的想象力得到充分的发挥。

在通往"小山丘"的路上，教师还可巧妙地设置一些小障碍，如小跨栏和鞋盒等，要求幼儿在跳跃之前先通过这些障碍。这些障碍不仅考验了幼儿的身体协调能力，还激发了他们的探索欲。

（二）创新实践

1. 循环自主法

"跳伞"游戏很受幼儿欢迎，主要围绕从高处跳下的动作来进行。受欢迎的主要原因是幼儿能够拿着各种塑料袋，扮演跳伞运动员跳伞。在游戏中，幼儿自主行动，循环往复，练习的频率高。教师只需要多准备几个跳台就可以解决幼儿消极等待的问题。有人会质疑，爬上跳台从上面跳下这个过程的运动量是否足够。按这样循环，如果不能解决运动量的问题，这个模式是值得怀疑的。这就需要教师通过自己的教学智慧，既要保证游戏循环自主，又要保证锻炼的有效性。

教师可以思考在循环中增加设置物的距离来增加运动量，例如，在终点处增加一筐海绵球，球与跳台之间的距离可长可短，距离越长运动量就越大，可是这样也可能使幼儿容易疲惫；而距离越短运动量就小，幼儿不容易疲惫，且兴致勃勃。终点处到底是用海绵球还是用其他材料，都要根据游戏的实际情景来确定。道具一定要能为幼儿带来循环游戏的精神动力，要为动作发展空间提供更多的可能性。活动循环的目的是让幼儿的自主性充分发挥出来，幼儿不会无缘无故地"循环自主"，而是围绕着最喜欢的事物来"循环"。在幼儿的眼中并没有循环的概念，他们眼中只有游戏和玩乐。教师的任务就是打通循环的通道，并保证幼儿是真的喜欢游戏，而不是被动地去活动。

循环自主活动给幼儿带来的欢乐很多，可以在几个方面给幼儿带来明显的体验，例如，在获得成功感之后大声地呼喊、集中精神应对各种全新的挑战、与同伴愉快合作体验高难度游戏致满头大汗都不愿意停下等。在"跳伞"游戏中，为了方便幼儿持续"自主循环"，可以增加一些自选的材料，如投入不同颜色、大小、材质的塑料袋，可以让幼儿自选样式拿着跳下。而实际跳下来的动作由幼儿自行探索，原则上是要落地站稳。在循环中，场景和道具的使用也要能够为循环自主服务，如果场景的构建不利于有效的循环，就要反复调整，保证活动紧凑有序地开展。

2.角色激活法

在"跳伞"游戏教学中，活动设计能抓住幼儿的好奇心。角色扮演是点燃好奇心的火种，让幼儿在游戏中体验探索的乐趣。假设有一位跳伞运动员，他在完成任务时必然带有明确的目的性，由于目的性强，他在面对各种挑战时会展现出人的灵动性和适应能力。例如，在体验不同高度的跳跃或越过各种障碍时，幼儿会学习如何应对突发的情况。

为了使人物角色生动有趣，应设计更多与其相关的"故事情节"，让故事更加曲折离奇，从而传达角色带来的震撼和成功的喜悦。要设计人物克服困难和艰辛，在多种体验中取得深刻的体会，从而使游戏变得丰富而有趣。

角色设定应体现勇敢和安全感。"勇敢的心"容易激活，但"安全的心"却较难激活。让幼儿在游戏中学会勇敢面对挑战，同时保持平稳和安全感，这是培养他们适应环境、自主解决问题的重要一环。无论是"安全的心"还是"勇敢的心"，都是为了获得内心的满足。

角色激活法的关键在于幼儿遇到困难时的心理调适、突破和改变，以及快速参考伙伴的动作方法，从而改进自己的动作。在游戏中，要让幼儿能够理解遇到困难时考验的是自己的适应能力。教师可将道家思想融入教学中，让幼儿明白"上善若水"的道理。水能顺应变化，遇到新问题时便能产生新的解决方法。角色激活法的最大妙处在于，在活动探索的路上随着时间和空间的变化，遇到的问题都是全新的，从而促使幼儿形成新的活动探索方法，有效地应对当下遇到的困难。

"跳伞"游戏活动设计时应注重幼儿的内心世界和适应能力,让幼儿在游戏中能体验到挑战与乐趣,展现其勇敢的探索精神,培养其灵活应对问题的能力。活动时幼儿会想,到底会有什么样的奇遇?任务驱使他们更多可能:需要一起跳伞;跳伞之前需要先投掷;一边跳伞一边投掷;跳到指定的位置,做出一些安全的动作;跳到指定的位置之后,还要去完成其他的任务;找到一定的时机再往下跳;跳下的时候,用盾牌挡住对方小球的袭击等。通过角色扮演,幼儿能够在游戏中学会解决所遇到的困难,从而获得内心的满足。

3. 道具互动法

"跳伞"游戏所采用的道具一般分为两种:第一种道具主要是由教师来操作的,其会给幼儿带来一些"麻烦"。与其说是麻烦,不如说是为幼儿带来一种新体验。第二种道具主要是由幼儿自己操作,能够成为幼儿解决麻烦的一种工具。在"跳伞"游戏中,教师一方面要为幼儿带来一些难度体验,另一方面也要为幼儿量身定做一些工具供其使用。

在实际操作过程中,能为幼儿带来一些"麻烦"的道具是极具创造力的。笔者在指导学员的过程中,发现有一位教师很会用绳子来为幼儿"制造麻烦",如把绳子当成是一条长蛇,这条"长蛇"在跳台忽高忽低,直接引发幼儿进行动作探索。究竟是钻过去还是跨过去?那就看教师怎么来操作绳子。而在实际的游戏中,这样的道具往往需要两名教师来操作,笔者对这样的一个做法有一些不太满意。如果绳子只是起到拦截的作用,那还不如用一根竹子,因为竹子可以一个人操作,而绳子太软,且需要两个人操作。但出现了另外一个问题:一个人操作的话,只能保证一组幼儿获得互动体验。这时教师就会想到能否准备一些小竹子,让幼儿来试着操作。如果幼儿能够灵活使用辅助道具,教师也就可以成功退出活动,真正实现了"自主循环"。

笔者还看到有一位教师别出心裁地在跳台前面挂了一个红苹果,吸引幼儿跳下来的时候去抓苹果。而这位教师制造的"麻烦"就是:苹果挂高一点或低一点、近一点或者是远一点;设置一个苹果或者多个苹果、苹果大一点或者小一点、苹果是红色的或者是绿色的。这样的一些变化引发了幼儿极大的兴趣。活动规则并不会让幼儿真的把苹果摘下来,只是用小手触碰到即表示摘到苹果了。可是当苹果离跳台越来越远,那就需要借助一些工具。可配给幼儿一些长短不一的泡沫棒供其选用。个子高的可以拿一些短的,个子矮的可以拿一些长的,完全由幼儿来决定。幼儿会拿着泡沫棒用力跳起来去击打苹果,其非常喜欢这样的工具。还可让幼儿手上拿一个塑料袋当作降落伞,幼儿一边拿着降落伞,一边拿着泡沫棒跳下去。越是有材料占据着幼儿的双手,他的注意力也就越集中。像这样的道具使用,既能为幼儿带来"麻烦",也能为其解决"麻烦"提供一些工具。

4. 难度递进法

在"跳伞"游戏体验过程中，可以分为两种难度进行体验。第一种难度，里面包含若干个小难度，让幼儿充分感受到一个难度里面也内有乾坤。第二种难度，里面包含若干个互动难度，让幼儿充分感受到来自同伴的压力。第一种难度是不断衍生的过程，先让幼儿获得奇妙的体验，再让幼儿感受到场景持续改变带来的惊喜。而第二种难度则是互动的过程，先让幼儿感受到来自"对手"的压力，然后再与"对手"斗智斗勇。这是两个层面的难度提升，教师带给幼儿的是在场景中层层递进的道具变化和难度体验，这种体验容易产生个性的表达和创造力的发挥。幼儿在与其他同伴的互动过程是相互激励和竞争的过程，让幼儿真实地感受到竞争压力，进而不断调整自己的心态。

笔者看到有一些教师在"跳伞"游戏中给幼儿不同的伞，伞的大小、形状、重量、体积、种类、材质等都能给幼儿带来难度的体验。可让幼儿先用小塑料袋，再用大的塑料袋，还可提供超大的塑料袋。小塑料袋，幼儿单手就可以操作；稍微大一点的塑料袋，得两只手来拿；再大一点的塑料袋，除了两只手来拿，还得用头顶起来，不然就会影响视线。小塑料袋轻一点，大塑料袋自然会重一点，因此产生的难度是完全不一样的。拿着伞跳下来，能不能站稳？大的伞和小的伞有什么区别？垂直降落与向前跳下来有什么样的区别？手上拿个小海绵球，另外一只手拿着伞，这样跳下来又有什么样的体验？这些都是基于第一种难度递进的做法，幼儿需要使出浑身解数来应对。

5. 危险破除法

"跳伞"游戏中存在的安全隐患是很多的，特别是在落地的瞬间所采用的缓冲动作教师要特别留意。运动中的自我保护动作可分为预知性动作预设和未知性动作应变两种。对于预知性动作预设，教师容易通过经验来判断和提前做出准备；而未知性动作应变则存在着无法判断的运动风险。

实际上，绝大多数的安全行为都是在预设和应变中形成的，预设不能解决的，只能依靠应变来解决。应变也会从预设中来，也会促进预设更加精准，两者相辅相成，既能区分研究，也能整体分析。为了破除危险，教师根据经验将运动前后所能想到的、想不到的，能避免的、不能避免的安全隐患因素都要进行统整分析。

"跳伞"游戏中主要存在的安全隐患包括落地缓冲、道具使用和等待体验三个方面。首先，落地缓冲方面需要注意三个安全隐患问题：①从桌子跳下时，地面上的指定区域与桌面的高度和角度问题。高度越高，角度越大，越危险。②幼儿在落地前采用自然落体跳下和用力跳起来再落下的问题。自然落体更安全，主动跳跃更危险。③幼儿落地时保持什么样的姿态问题。双脚着地更安全，单脚着地更危险。其次是道具使用问题，也要注意三个问题：①幼儿手中的道具太大或太重问题。太大容易遮挡视线，太重不容易操作。②与幼儿互动的辅助材料投放问题。难度太大容易产生危险，难度太小幼儿又不感兴趣。③道具操作问题。道具操作适当就不会有危险，反之则容易节外生枝，危险重重。最后是等待体验问题，也要注意三个问题：①场景设置分组数量是否合理，消极等待势必会影响游戏的积极性。②游戏体验前是否做出准备，让幼儿能参考其他同伴的动作经验。③游戏中幼儿与前者保持距离是否适当，避免出现推搡的动作。

做任何事贵在事先预知，并提前做出充足的准备。然而，即使如此，也未必能够做到十全十美。安全意识应该伴随幼儿终身，而这种安全意识主要来源于如何看问题，要从整体看，看得越细致、越长远就越安全。如果教师能够保证周围的运动场景都十分安全，那就要在活动细节的设计上下工夫。

6. 动作探索法

动作探索是幼儿的思维呈现，这种创造力不仅为幼儿带来了成功感，还培养了阳光坚强的心理品质。当幼儿为了一个目标需要去完成一个任务时，这种动作探索就出现了。这一类的动作探索如果多了，就逐渐形成了一种技能，而这种技能又蕴含无数种创新运用过程，这可以视为技能的再探索。动作探索似乎是永无止境的，是解决问题的一种工具；动作探索又是千变万化的，有的有很强的目的性，有的毫无目的性，全都是心灵的驱使。

例如设立一个活动目标，让幼儿从高台上跳下，落下时务必要站得稳。幼儿就会思考，何为不稳？从台上跳下，坐到了地上，那就是不稳。为了不坐到地上，保持身体稳定，幼儿就开始探索。先试了一下，前后脚分别着地缓冲，看看能否站稳；再试了一下，轻轻跳下后，双脚同时着地，看是否能站稳；最后再试试纵身用力跳下，看能否站稳。如果都能够站稳了，就表示探索是有效的、动作调整是成功的。可是这就完了吗？这才刚刚开始。笔者发现幼儿在调整身体稳定度时，他们的双臂起到了非常大的作用。如果限制了幼儿的双手，他又能做出什么样的应变呢？例如给他一个纸箱端着从高处跳下来，看其怎样保持身体的稳定。给他一个塑料袋举着从高处跳下，他又怎样来保持身体的平衡？两个人抬着一根泡沫棒从高处跳下，两人怎样同时保持身体的平衡？当这一切都做好时，动作探索还没有完，教师要想着让他在空中完成一个任务时，落在地上时是否站稳。例如，让幼儿从高台上跳下来，去抓悬吊在空中的小球；也可以让幼儿从高台上跳下来，去投掷远处的标志物。

动作的探索应该有6个方向，分别是前、后、左、右、上、下。这是教师最容易忽略的。如果从高台上跳伞，且对面投来一个小球，幼儿就要从左或者向右跳下台去，能有这样的应变能力才算成功。这6个方向的动作探索为幼儿的动作发展注入了创新力量，避免了教师只看前而不看后、只看左而不看右而缺少立体统整思维能力。

第三节 幼儿园体育教学游戏设计的"三要素"

一、"趣味三要素"设计流程

开展"趣味三要素"实践研究，提升体育游戏设计能力

流程	内容		基本要求	总目标	幼儿表现	内驱力三要素
第1步	动作	基本动作	在预设的12大类*基本动作内容中选择其中一个作为重点学习和练习的内容。接着，预设基本动作向综合动作拓展的难点。	动作设计更灵活	1.体能更突出 2.锻炼更有效	专精
		综合动作				
第2步	材料	主要材料	利用主要器械为重点动作的学与练构建基础运动场景，引发幼儿好奇心。然后，再巧妙搭配多种轻便的辅助材料，支持幼儿向难度综合动作拓展，持续引发其惊喜体验。	材料使用更灵巧	1.材料更周全 2.体验更自主	自主
		辅助材料				
第3步	情景	角色选择	根据运动场景选取适宜的角色扮演，并设定任务。持续升级游戏规则，提升任务难度，使游戏充满趣味和生动性，幼儿积极互动。	情景创设更生动	1.任务更明确 2.行动更有趣	目的
		情节互动				

*含钻爬、玩球、攀登、追逐跑、支撑、悬垂、投掷、跑跳、走平衡、侧滚翻、荡绳、玩车

二、"趣味三要素"设计规律和内容

"趣味三要素"设计规律和内容

动作灵活设计规律	思考：动作灵活设计的核心理念在于以幼儿为本，尊重其动作发展规律。通过聚焦12大类基本动作以及众多综合动作，促使幼儿的动作发展实现从"被动应对"向"主动多变"的转变，进而实现从简单基本动作练习向复杂综合动作应用的过渡。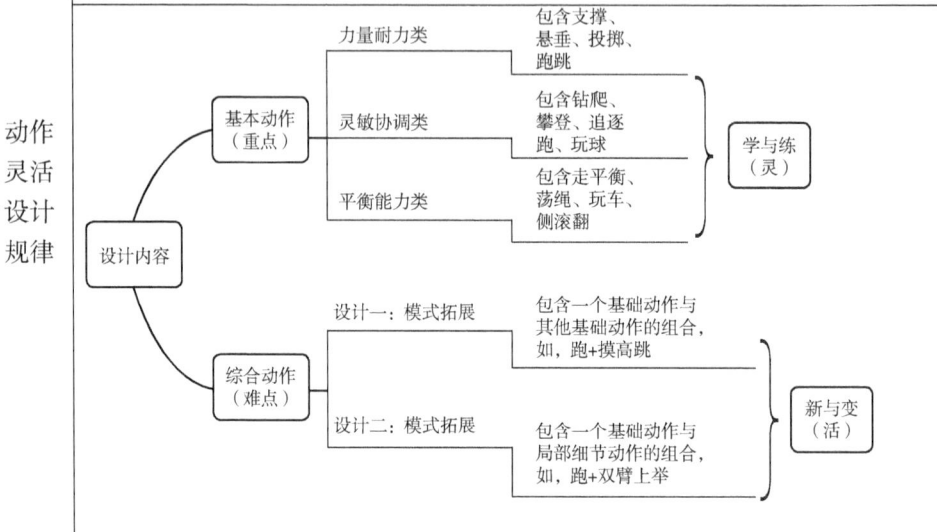
材料灵巧投放规律	思考：材料灵巧设定的核心理念在于以激发幼儿好奇心为主，持续为幼儿带来惊喜。通过关注12大类主要材料以及辅助材料的巧妙运用助力幼儿动作发展更为科学合理，实现从"主材渐变"向"辅材多变"的转变，从而实现幼儿从好奇心动到惊喜主动的情感态度转变。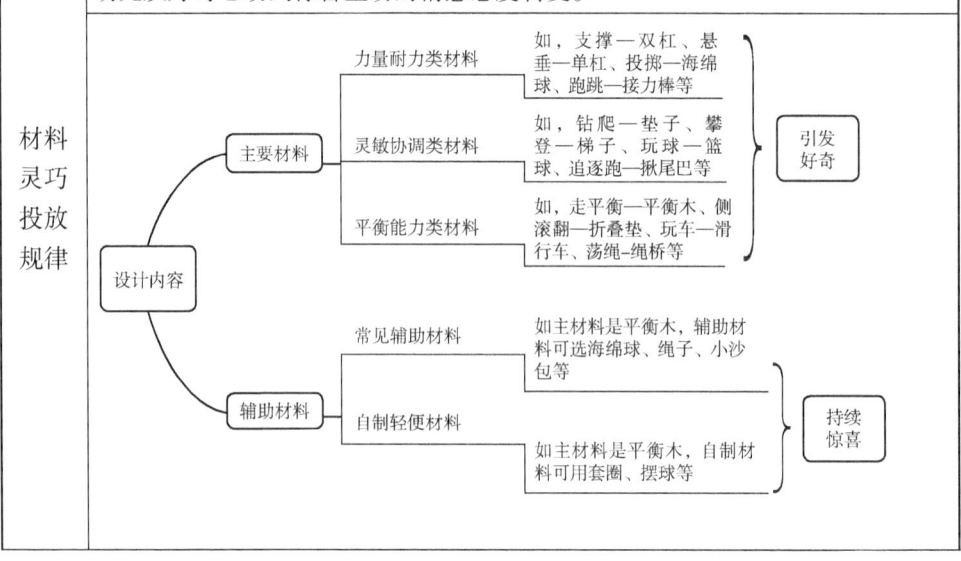

续表

情景生动设计规律	思考：情景生动设计理念的核心在于激发幼儿的主动性，持续激发其互动性，并提升幼儿的内驱力。通过创设三类角色扮演，结合"渐进式任务"与"互动式任务"的情景设计，有助于使幼儿活动情景更生动，更具合理性。实现从"单一角色"向"多重情节规则"的转变，进而促使幼儿从"主动完成简易任务"向"互动协作挑战高难度任务"的提升。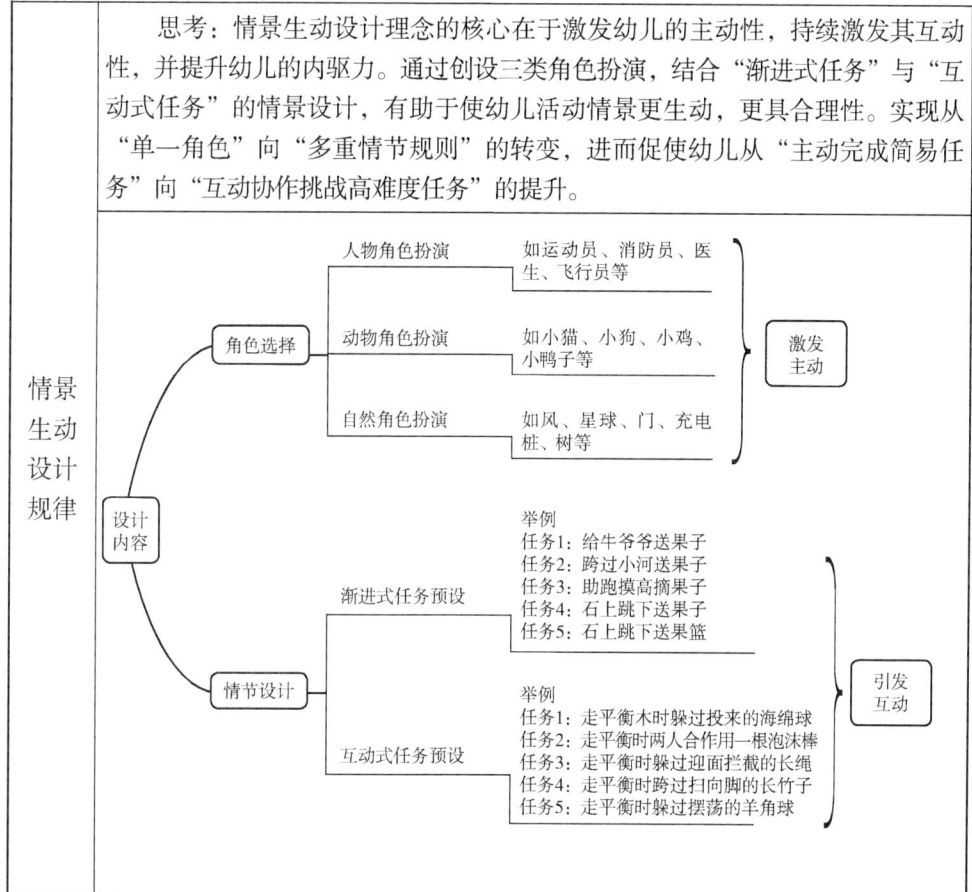

第四节 幼儿园教学、教研实践中的杂思

一、《西游记》对教学活动的启发

《西游记》之所以经久不衰、广受欢迎，其核心魅力之一就在于它所构建的"八十一难"，每一难都蕴含着未知与挑战。这些不可预测的元素不仅激发了"主角们"的好奇心，而且成为推动情节发展、深化角色成长的关键。若在体育教学设计中融入多种不可预测的元素，同样可以使游戏活动变得经典且持久吸引人。

这部经典小说启示我们，在幼儿园体育教学场景中应有不可预测元素的设计，能够让幼儿在运动过程中保持信念、勇于探索、灵活应变。师幼共同"修行"，最终实现心灵的觉醒与升华。

二、幼儿园小场地体育"自循环"活动

分析1：大、小循环都能自动循环

如果外面下着雨，室内有30～40平方米的小场地，有16个幼儿，教师如何有效地组织体育活动？按照在户外组织体育活动的一般观念，大家首先会想到大循环的组织方式。将大操场某个空间或多个空间（含室内）串联在一起，设置多个游戏场景，让幼儿有序体验。在室内环境中，循环活动是否仍然可行呢？从自然和感官的角度来看，循环活动旨在提升运动量和游戏体验。但在室内，由于空间限制，若不进行大规模的循环，教师是否仍能有效地获得好的教学效果？或者，是否可以通过其他形式达到相同的效果？答案是肯定的。大循环实际上只是视觉感知的一种错觉，并不应受限于此。无论是大循环还是小循环，它们的共同特性是自我循环，简称为自循环。在有限的小空间内，小循环游戏尤为适宜。例如，当幼儿将球投向悬挂的雨伞，随后捡起球再次投掷时，他们似乎并未遵循排队规则，而是连续不断地进行着游戏。当球用尽时，教师会将雨伞中的球倒出，让幼儿继续进行投掷活动。这种看似无序的小循环游戏，实际上蕴含着很好的教育价值。

笔者注意到，"投掷雨伞"这个游戏难以采用行走、奔跑、跳跃、钻爬、攀爬等串联式大循环活动的方式进行。相反，利用有限空间进行单个游戏自循环的方式显得尤为实用。实际上，这种单个小游戏自循环的模式同样适用于行走、奔跑、跳跃、钻爬、攀爬等项目，并且效果显著。可能有人会提出疑问，这不是一种集体游戏吗？的确，这类游戏通常在集体教学活动中得到广泛应用。看似单一的自循环小游戏，更应该被视为集体教学活动后期的"举一反三"运用与提升的例子，值得我们深入探索。

分析2：有趣有序才有效

也有人会指出，自循环的小游戏形式似乎显得有些杂乱无章，给人一种无序的感觉。从直观感受上讲，幼儿的行为似乎毫无规律，但在实际上，观察个体幼儿，会发现其活动轨迹其实井然有序，内在的思维逻辑也相当清晰。所谓的无序，其实只是视觉感官的浅层印象，并非其真实状态。

可能有人会质疑：这种自我循环的小游戏是否未能充分关注幼儿的个性发展和个体差异？实际上，每种游戏会受现有条件的限制。开展小场地体育活动，往往是出于无奈的选择，如果有足够的空间，自然不必如此费力。然而，当场地受限时，要想法来弥补不足。在小场地体育活动的实施过程中，教师需要明白活动的先后顺序，重点解决核心问题，即幼儿运动量的保证以及游戏内容和形式的选择。有些在小场地组织的活动虽然看起来丰富多彩，但如果幼儿缺乏足够的运动量就失去了锻炼的意义。反之，如果只关注幼儿运动量而忽略了游戏过程的愉悦性，同样不可取。还有些活动试图将钻爬、攀登、侧滚翻、平衡等多种体验融合在一起，虽然看似提供了多样化的体验，实际上幼儿运动量并不充足。

分析3：创造性开辟空间

既然场地有限，只要能够精确地解决最迫切的问题就已经相当不错了，追求过多只会导致效率低下。在组织活动时，内容和形式都应当精细化、精致化和精准化。此外，由于小场地的幼儿园在硬件设施上本就存在不足，过多的材料也难以妥善存放。

从教育智慧的角度来看，能够巧妙地运用少量而精致的材料有效地组织一堂体育课，这无疑是一项技术含量极高的任务。它不仅彰显了教师的教学智慧，更是教师教学实力的体现。在这样简陋的硬件条件下磨炼出来的教师，还有什么挑战是他们无法应对的呢？这正应了一句话：重剑无锋，大巧不工。不应只关注硬件和材料的华丽外表，而应比较谁的"教育内功"更为扎实。

在小场地体育活动的开展过程中，笔者注意到一些教师能够巧妙地利用有限的空间，组织自我循环式的游戏活动，取得了显著的效果。在这些活动中，虽然从表面上看，幼儿似乎都在围绕同一个任务进行活动，但实际上每个幼儿的参与方式都略有不同。设计"自循环"式游戏为幼儿提供了广阔的个性化表现空间，幼儿不仅体验了乐趣，还获得了适量的运动，也展现了他们机智和勇敢。由于幼儿能够"自我循环"参与，教师在一旁观察和指导时也感到轻松愉快。很显然，通过精心设计的小场地运动，确实能够减轻教师的工作压力。

分析4：""自循环""式运动场景

在幼儿教育教学中，探索和创新一直是推动幼儿全面发展的重要因素。其中，"自循环"式运动场景作为一种新兴的教育模式，凭借其独特的设计理念和实施方式，为幼儿的深度学习与发展注入了新的活力。

首先，富有挑战与趣味的难度支架是"自循环"式运动场景的核心要素。这些难度支架并非一成不变，而是根据幼儿的发展水平和兴趣点进行精心设计和调整。它们不仅为幼儿提供了具有挑战性的游戏环境，还通过融入趣味性元素，激发了其参与游戏的热情和兴趣。在这样的环境中，无需教师持续参与幼儿便能自发地投入游戏中，并在不断尝试和克服难度支架的过程中获得真正的成就感。这种成就感不仅增强了幼儿的自信心和自尊心，更促进了他们应变能力的提升。

其次，自主循环的游戏体验是"自循环"式运动场景的又一亮点。在这个模式中，游戏规则和路线的设计实现了合理闭环，形成了一个循环往复的游戏系统。幼儿可以根据自己的意愿和能力，在这个系统中自由探索和创新。他们可以选择不同的游戏路径尝试不同的游戏策略，发挥自己的想象力和创造力。而教师则在这个过程中扮演观察者、引导者和支持者的角色。他们通过观察幼儿做游戏的表现，及时给予反馈和指导，引导他们遵守规则、保持体力、注意安全。同时，教师还会鼓励幼儿们相互合作、互相帮助，培养他们的团队合作精神和社交能力。在这样的游戏过程中，幼儿不仅能够获得身体上的锻炼和成长，更能够在心理上取得成长和进步。

最后，"自循环"式运动场景注重专精动作技能的拓展。这种运动模式，教师会根据幼儿的兴趣点和身体特点，设计一系列具有针对性的动作技能练习。这些练习不仅能够帮助幼儿掌握基本动作技能，还能够通过反复练习和探索来实现这些技能的深度和广度拓展。同时，教师还会综合不同类型的动作，带给幼儿更加有意义的动作体验。例如，可以将跑、跳、爬、滚等基本动作与球类运动、体操表演等元素相结合，创造出丰富多彩的游戏活动。这样的教学方式不仅拓宽了幼儿的视野和知识面，更促进了他们动作的全面发展。

"自循环"式运动场景为幼儿的深度学习与发展提供了广阔的舞台和无限的可能。在这个模式中，幼儿可以自主探索、自由创新、深度练习，同时，教师也能够通过观察和指导，及时发现幼儿的问题和需要，为其提供更加精准和有效的支持。

三、提升幼儿强盛的体力

分析1：教师如同电影导演

幼儿体育教学重在培养幼儿强盛体力，教师应如电影导演般去精心设计活动方案，实现活动动静交替，循序渐进，助力幼儿健康成长。让幼儿拥有强壮的体格，这是幼儿体育教学活动的重要目标之一。在设计一项幼儿体育教学活动时，教师首先要从务实的精神出发，想象幼儿在体育活动中的各种表现，仿佛看到一幅动态的画面在眼前展开，教师要身临其境般为幼儿"编写"强盛体力的"剧本内容"。

在设计体育教学活动时，教师不仅要有美好的愿景，还需要有较强的思维能力，能够精密设计活动内容、过渡环节；做好教师示范、幼儿互动、自主体验等的时间安排，精确地保证幼儿的运动强度等，达到动静交替循序渐进的效果，这样才能体现出有效性的教学设计。

分析2：教师要务实

体育教学活动中，教师的务实的工作态度至关重要，其影响着幼儿的核心素养的培养。笔者倡导的务实理念，是让体育教学活动能真正解决幼儿面临的实际健康问题。从另一个角度来看，幼儿在参与体育活动的过程中，实际上也在解决其自身所面临的各种问题。要解决这些问题，幼儿需要胆大心细，并拥有良好的体力、机智应变的能力，这三者缺一不可。充沛的体力是首要条件，试想一下，如果幼儿没有足够的体力，他们的潜力就无法得到充分的挖掘，即便他们想要机智地应对各种游戏场景，也会因体力原因而难以应对。

得出的结论是：体力、胆量和智力同等重要。在家长的传统观念中，幼儿体力充沛是他们最基本的要求。毕竟这是一节体育教学课，而非其他学科教学，因此确保幼儿体力充沛是首要任务，如果幼儿身体不健康，其他方面都无从谈起。因此，教师应特别关注幼儿在体育教学活动中的体力表现，通过提高他们的运动能力，塑造其良好的身体形态，让他们拥有健康的身体。

分析3：关注运动量

幼儿有好的体力取决于坚持运动。幼儿应每天进行1~2小时的锻炼，扩充能量。在体育活动教学中，可提高运动强度以确保幼儿有效锻炼，避免浪费时间，实现预期效果。幼儿的体力旺盛与否，首先要观察他们是否能够进行较长时间的运动。人类先天的运动能量虽有限，但后天的锻炼可以增强这种持久力。因此，每天坚持1~2个小时的锻炼对培养幼儿旺盛体力至关重要。

教师要领悟积累的力量。幼儿参与激烈的游戏活动时，若能坚持每天锻炼，即使游戏中有些许强度较大的部分，对幼儿肺部的冲击也不会太大，更不会引发诸如咳嗽不止等症状；反之，若没有坚持锻炼，他们在玩同样激烈的游戏时，身体的不适应感会非常明显。

在设计体育教学活动时，教师要尽可能地让幼儿旺盛的体力得到释放。而释放意味着后期的回收、扩充，幼儿每日达到一定的运动量，对自己的体能扩充就会更加明显、更有力。

教师在设计体育教学活动时，应尽量减少讲解部分，以免影响和浪费幼儿的锻炼时间。幼儿运动的时间要确保每天至少有1个小时，在这段运动时间里，要让他们的体能充分释放，强化心肺功能。

如果教师设计的一节体育教学课，幼儿的运动时间不多，表明在某些方面浪费了幼儿的运动时间，这可能是因为教师讲得太多，或者是让幼儿说得太多，让幼儿站得太久。若运动强度达不到，那么这一节体育教学课就是不合格的。因此，教师应对体育活动的运动时间进行有效的控制，以确保每一节体育教学课都能达到预期的效果。

分析4：阳刚气质发展态势

充满活力的幼儿展现阳刚之气，这得益于幼儿的旺盛体力。旺盛的体力有助于幼儿学习、利于身心健康。幼儿的体力中蕴含着一种无形的气场，这种气场在他们体力充沛时会以一种独特的方式展现出来，教师要引领幼儿展现朝气蓬勃姿态，这种展现无论是精神气还是行为举止，都会呈现出一种阳刚之气，展示着自强不息、开朗活泼和勇敢向上。如果一个幼儿从小就拥有强盛体格，那么这对其未来的终身学习和全面发展无疑是一种有利的条件。更重要的是，这种阳刚气质的表现不仅会感染周围的同伴和教师，还会影响整个校园和社区，甚至家庭和社会。

感知一个人的体力是否旺盛，不仅取决于肉眼可见的外在表现，还在于能否感受到他们的整体状态。在体育教学活动中，教师的身教往往比言传更为重要，教师应该以身作则，努力塑造阳刚之气质，让幼儿能感受到并受其影响。

分析5：把握运动时机

幼儿体力释放需适度，关键时段在早晨、傍晚，中午避免过度消耗。要合理安排幼儿饮食时间，平衡动静，依据其生理特性和需求，科学安排活动时间，才能促进其健康成长。对于幼儿来说，他们的旺盛体力并不是每个时段都能得到充分的释放。早晨和傍晚的体力释放存在着显著的差异。因此，如何恰当地安排幼儿在一天中的活动，特别是每天入园和放学这两个关键时段，尤为重要。

如果在上午11：30之后仍然进行高强度的体育游戏活动，那就可能会对幼儿的健康造成潜在的伤害。同样，如果在8:00—9:00这段时间内，幼儿被束缚在课室内，没有进行体育游戏活动，那也同样不利于他们的健康。另外，饮食时间的合理安排同样是关键的一环，时间不能过短，要有足够时间，才能有效地补充幼儿体内的水分和营养。因此，教师需要依据幼儿的生理特性和需求，科学合理地安排他们的活动与休息时间，以推动他们健康成长。

四、塑造良好心理意志品质

分析1：胆大心细

培养幼儿的胆识与细心品质，需要教师在适当难度场景中帮助他们找到自信与谨慎的平衡点，在面对危险时教会其把控风险。在日常生活中，笔者常发现幼儿的性格特质各异，有的大胆却粗心，有的细心却胆怯。这引发了一个问题：如何让幼儿胆大心细呢？

教师需要认识到，大胆与细心并非水火不容的对立面，而是相辅相成、互相促进的。胆识使幼儿在面对挑战时勇往直前，而细心则让他们在处理问题时更加全面。然而，过于大胆可能导致盲目自信，过于细心则可能陷入过分谨慎的困境。因此，教师在教学中，需要寻求平衡，让幼儿在保持自信的同时具备谨慎的态度。

为了培养幼儿的胆识与细心品质，教师应该为他们创设适当的难度场景，让他们在实践中学会应对挑战，从而在自信与谨慎之间找到平衡。这样的实践过程既能让幼儿在面对困难时勇敢冲锋，又能让他们在细节操作上保持谨慎，做到全局在胸，随机应变。

同时，还需教导幼儿，在面对危险时只有保持细心才能确保安全。因此，应鼓励幼儿在适当的风险中锻炼自己，培养他们在复杂环境中能保持冷静、应对挑战的能力。

分析2：冒险游戏

冒险游戏与危险游戏之间存在着显著的差别。冒险游戏强调探索未知领域和挑战自我，幼儿通过适度地积累经验，可促使智慧的增长。相较之下，危险游戏具有风险，可能导致幼儿身体受伤。因此，教师要积极开展冒险类体育游戏，让幼儿在运动场景中迎接各种挑战，从而培养他们勇于面对困难的品质。

在冒险游戏的过程中，幼儿面对层出不穷的难度场景，需要学会应对自如、沉着冷静。这种锻炼使他们逐渐掌握了应变能力，从胆怯变得勇敢，从粗心大意变得细心入微。

冒险游戏为幼儿提供了一个挑战自我、锻炼勇敢和细心品质的机会。通过参与冒险游戏活动，幼儿逐渐不再害怕之前经历过的困难，因为他们已经学会了如何应对。这种成长可让他们日后在面对生活中的挑战时从容不迫，更好地适应社会，更好地发挥自身潜能。

分析3：任务意识

教师在设定教学目标的过程中，还应强调活动的规则和要求，引导幼儿在遵守规则的基础上灵活应对和适应环境。同时教师应鼓励幼儿在守住"底线"的同时勇于创新。在活动中,幼儿有了明确的任务意识和目标,能遵守规则并勇于创新,提高判断力和应对危险能力,增强面对挑战的勇气。当幼儿全神贯注于完成任务时,他们会更加细心认真地探索,进而提升判断力和应对危险的能力。在活动中,幼儿展示出了强烈的任务意识,这使得他们在参与过程中更为谨慎,从而提高了活动的安全性。这种结果的出现,是因为教师确定好了明确的活动目标和任务分配。

清晰明确的目标和游戏规则使得幼儿在面临挑战时不再迷茫,使得幼儿从最初对问题和困难的恐惧转变为期待挑战,从而增强了面对困难的勇气。在这个过程中,幼儿的意志得到了锻炼。

分析4:自主氛围

为了使幼儿的知识领域更为丰富,教师应提供多样化的材料并创设良好的情境,激发他们的创造力,提升他们解决问题的能力。教师应营造自主宽松的活动氛围,支持幼儿去观察和探索,为他们提供便利的环境支持,培养其思考习惯。自主宽松的活动氛围是培养幼儿胆大心细品质的关键,教师在此过程中应适度放手,让幼儿有足够的空间自由发展。

幼儿能思考的习惯源自他们对周围环境的观察和探索,教师应保证充足的材料和工具,让幼儿能够自由发挥,让其通过融合使用不同的材料去解决问题。有时幼儿可能因为害怕或无法准确表达,对环境材料的需求得不到满足,教师需要敏锐地捕捉信息并尽可能地满足幼儿的需求。在这样的环境中,幼儿将更容易提高他们的观察和探索能力,并在解决问题的过程中提升创新能力。

五、关于体育课的思考

分析1:体育课不能少

幼儿园体育课不是简单的课程,它有着明确的宗旨和方向,其在情感、认知、能力等方面多维度设定具体目标;它是幼儿探索和成长的土壤。教师通常将擅长体育的幼儿誉为"体育健将",然而,真正的健康并非跳得高、投得远。体育的真谛在于服务健康,是终身教育的重要组成部分。幼儿园开展体育活动并不是为了培养专业运动员,而是为了培养幼儿健康的生活方式,要强调适度和适量。

在体育课堂上,教师在布置任务目标、观察幼儿解决问题的过程中,要看看谁的体能最强,效率最高。然而,体能强并不等同于健康。因此,体育课的目标不应只是发现幼儿的天赋,而应是培养幼儿的安全运动习惯,如热身、放松、拉伸等,这些习惯有助于他们的终身发展。

体育课堂是知识与实践相结合的课堂,随着幼儿认知能力的提高,他们能更快地做出反应，提升解决问题的能力，同时也拓宽了思维。

另一方面，体育课堂是教师解读幼儿的主要地方。每个幼儿都是一颗独特的明珠，对其教育总有某种规律贯穿其中，这也是教师在教学中最大乐趣所在。教师在体育课堂上辛勤耕耘，正是追求教育真谛的过程。智慧之师，或者说那些领悟教育之道者，往往能轻松自得，他们能找到方法减轻自身的教学负担，同时提升了教学效果。反之，教师可能会感到原地踏步，达不到预期教学效果而痛苦不堪。实际上，一个组织得法的体育课堂能让教师获得成就感，提高了幸福指数。

分析2：体育课要持之以恒

幼儿园体育课作为其他学科课堂教学的延伸，需要持之以恒。坚信每天的小幅进步，会带来质的飞跃。反之，若缺乏连续性，如三天捕鱼两天晒网，将难以收获显著成效。如何将体育课程有序开展，教师要清楚如下方面：

①教案准备问题。部分教师坚信，课前的教案必不可少，缺乏了它的指引，便无法自如地进行教学活动。他们担心，脱离教案教学将显得过于随意，甚至可能遭受领导的批评。笔者认为关键在于是否领悟教学的本质，简化复杂问题，一旦掌握规律，一切都将变得游刃有余。反之，若教师未能深入理解教学之道，课前还需翻查教案，或加以修改，这无疑是生搬硬套。这样永远无法达到教学的最高境界——教无定法，其根源在于缺乏用心。教师不用心，便会觉得万事艰难，认为每日的教学耗尽了精力与时间，从而潜意识产生抗拒心理。

②教案了然于心。用心教学的教师会做出长远规划。他们只需在教学前期稍加思索，便能极大地减少课前准备时间，便能掌握教学的核心要点，并以充足的信心驾驭整个课堂。那些每天只教授一节体育课的教师，他们是难以实施长时间的连续教学的。要做到了然于心并非易事，贵在日常的"修炼"。

由于体育课会受到各种因素影响，故体育活动教学一定要考虑周全。对场景在时空中的预设要精准，对幼儿学习与发展的支持内容应精选。教师要综合考虑天时、地利、人和因素，为幼儿在当下创设出最体现他迫切需要的场景。久而久之，反复思考，用心探索，日积月累，自然练出一身教学本领。反观有些教师教案写得好，但是课堂教学组织较差，这可以说是不用心的表现。可以这样说，教案是由教师的心生成的，教学场景是教师的心在三维世界的投影。对教学设计了然于心的过程，就是教师身心"修炼"的过程。

分析3：每天进步一点点

幼儿园体育课可由多个体育游戏组成，这些游戏的目的性强，目标一致。所有的体育游戏均由动作、材料、情景三个元素构成，而这三个元素又以动作为首，先要预设出动作，才有材料的支持以及情景的配合。也可以说幼儿园体育游戏是根据教师有目的性地预设幼儿具体的动作而产生的，另外还要确定一点，教师预设动作绝不是为了教授动作，而是为了发展动作。发展动作最通俗的理解是拓展动作，从基础动作拓展到综合动作以及局部动作，这属于教师的预设层面。教师要想有所作为，就要预设幼儿的动作拓展，然后静观其变。但实际上幼儿表现出来的动作也是千人千面，各具特性而又大同小异。

幼儿动作生成各异，教师预设了助跑跨跳这个拓展动作，而实际上幼儿在行动中出现快一点、慢一点，或是高一点、矮一点，灵巧一点、笨拙一点等表现，教师都要包容，要给予其更大的动作探索空间，支持其从不会向会转变，从不熟悉到熟练转变，从单个动作技能向多个综合技能转变。

动作发展的有效性，主要体现在幼儿每天进步一点点。假设每天要求幼儿进步很多，教师的压力就很大。与此同时，这个压力也会转移到幼儿身上，长久下去容易背道而驰，越陷越深。每天进步一点点就足够了，好事多磨，多点盼头，要持续引发幼儿的成功感，不能急功近利。

从道家思想来讲动作，并不会刻意地说要发展什么，主要是遵循自然。从儒家思想角度来看动作，则有一定的目标指向和评价要求，主要是健康为上。如果要儒道并修，那就要既尊重自然规律，又要为幼儿健康赋能。而这种赋能，绝不是让他的体能有多强，不是跳得多高，跑得多快，而是点燃他对运动热爱之火，唤醒他持久运动的潜能。我们要清楚动作创意探索也是开发大脑的一种方式，与劳动活动较为相似，运动确实也能让幼儿的思维变得更加灵活，能让幼儿获得成功感。

因此，教师会着重聚焦在动作的发展上，而幼儿会聚焦在游戏目标上。幼儿为了完成一个任务，解决一个难题，会对自己的动作进行创意改进，这其实已经是在推进动作发展了。教师主要是留意幼儿动作的拓展发生了怎样的变化，自己能持续提供幼儿怎样的支持，如何继续引导他局部动作或综合动作的再拓展。教师的主要工作就是改变游戏中的场景，特别是主材料和辅助材料的使用。"巧妇难为无米之炊"，幼儿的动作拓展，如果没有场景的支持是很难做到的；也可以这样认为，体育游戏场景是教师与幼儿共同成长的地方。幼儿每天进步一点点，教师的教学"功力"也提升了一点点。

如果每天都能锻炼一小时，量变引起质变，幼儿的健康一定能够获得保证。每天运动一个小时其实也不多，很多幼儿园实际的运动时间都超过了3个小时。只要有运动的观念，运动就无处不在。教师应该争分夺秒地为场景赋予"神奇"的力量，要懂得对教育对象精准定位，对教育内容进行精选，对教育方式进行改进。

分析4：体育课要预设难度

幼儿能否每天进步一点点，主要取决于教师教学预设的难度。难度与危险要区分开，如果有难度，但不安全，那就不合理了。教师如果将心思放在更高、更快、更强上面，教学中就容易出错，会产生理念偏差和许多安全隐患。教师在体育课上为幼儿预设的难度应是适度的。

有的教师在预设动作时结合了动作的方向、位置、协同等方面进行拓展，这样使得活动产生了一些新的难度，也促使更多运动场景孕育而出。假如教师引发幼儿钻过高一点拱门，幼儿就会主动探索高、低不同的钻爬方式。如果教师让幼儿留意一下改变动作的方向，幼儿就开始尝试背对拱门向后退着爬，也会尝试侧身钻过拱门。随着教师提供的拱门高低不同，幼儿会积极机智灵活地去应对。

体育活动中的难度是幼儿从原有水平向最近发展区发展的"支架"。这个"支架"解决了怎么教的问题。教师预设"支架"难度时，要考虑教学对象的真实需求，进而选择合理的"支架"。在合理创设中，应首先考虑对象的内驱力激发，如果这个"支架"缺乏自主性，教师处处"指手画脚"，管控苛刻，那就容易培养出"只乖却不灵"的幼儿。如果缺乏目的性，过于随意，不聚焦，问题不具体，那就容易培养出做事不专注的幼儿。如果缺乏专精练习，那就容易培养出"样样技能都会，却无一样精通"的幼儿。

教师也不用时时盯着幼儿的动作看，也有许多小游戏技巧可以让幼儿将注意力转化出来，在趣味场景的吸引下将重点、难点动作进行"无痕式解决"。例如，幼儿拿个小球从A点到B点后，将球投入桶里。投进了，得一分，然后回去A点取球再投；如投不进，自行捡球回到起点，重新来一次，直到教师喊停。在这个过程中，幼儿的目的是投小球，教师的目的是"幼儿有耐心地跑"。幼儿的心被趣味游戏抓住了，自行跑动，幼儿的耐力在无形中提升了。如果你问幼儿是否累了，他们会毫不犹豫地说"不累"。假如在游戏中，你提醒他怎么摆臂或有新的要求，幼儿是很愿意配合的。而实际上球要投进去有难易的，近投、远投难度不同。看似解决了幼儿投掷问题，实际上是解决了耐力跑的持续性问题。

六、巧用辅助材料的实践案例——以走平衡活动为例

近年来，教师的体育课程观发生了重大转变——从关注幼儿"动作发展"到关注幼儿"动作体验过程"。由过去注重在教学过程中获取动作技能，转向注重幼儿动作直观、趣味体验的过程，注重支持幼儿获取动作适应能力的经验。幼儿体育活动中的辅助材料就像"催化剂"，能够使得游戏主材料的运动功能发生多样性变化，为幼儿灵敏动作发展提供有力的场景支持。在体育教学活动中，笔者积极探索多种辅助材料的使用策略，总结、提炼了三种巧用辅助材料的方式，促进幼儿灵敏动作的有效发展。

（一）巧用小型辅助材料构建场景，让幼儿体验灵敏动作的乐趣

小型辅助材料是为了配合体育游戏中的主材料而设定的，是相对于较大型的体

育器械而选取的小型器械或道具。小型辅助材料的主要特点是小而轻，易操作，如海绵球、乒乓球、小圆垫、泡沫棒、小篮球、小足球等。

在游戏中，当幼儿对某项动作技能逐渐熟悉后，教师巧妙使用小型辅助材料，可以使幼儿动作变得更加灵敏，也可使幼儿的游戏情景变得更加生动、有趣。如幼儿在走平衡木时，在以往的体育活动中，幼儿动作体验的趣味点主要局限在对平衡木的抽象思维上，比如爬过平衡木、侧身走过平衡木、在平衡木上转个身、倒后走过平衡木等。如果主器械缺乏辅助材料的支持与配合，就难以激发幼儿灵敏动作体验的乐趣。

案例

教师提前准备了海绵球、泡沫棒、呼啦圈三种小型辅助材料，鼓励幼儿自主选取，主动构建动作体验的游戏情景。洋洋说："哇，太好了，我可以开车过小桥。"说完，他先拿了一个呼啦圈套在身上，走上了平衡木。欣欣说："我可以运小球过桥。"说完，她双手各拿一个海绵球也走上了平衡木。其他幼儿也自主选取，愉快地玩了起来。

三分钟后，教师拿了几个小篮球间隔约一米分别放在桥上，做出较为神秘的样子低声说："小羊、小羊，请注意，猎人在桥上设置了几颗炸弹，谁要是碰到了，就会被炸到河里去。"只见洋洋双手握着呼啦圈，小心翼翼地提起小脚，灵活地跨过了小篮球。

又过了三分钟，教师说："大家可以相互结伴，利用这些辅助材料尝试一下合作走平衡木的方法。"接下来，洋洋就找了一个小伙伴合作，拿着一根长的泡沫棒玩"运木头过桥"的游戏，两人一起灵活地跨过小篮球走过平衡木，陶醉在愉快的情景游戏中。教师主要工作是鼓励幼儿使用小型辅助材料进行创意合作，构建新的情景玩法，同时也适时提醒幼儿注意调整动作，灵活且安全通过。

（二）巧用生活辅助材料设置障碍，挖掘幼儿探索灵敏动作的潜力

生活辅助材料来源于日常生活中，这类辅助材料在游戏场景的障碍设置中具有独特的使用价值，能使得游戏情景多变，促使幼儿动作体验更丰富。生活辅助材料的主要特点是顺手可取，简单实用，如报纸、绳子、雨伞、鞋盒、竹竿、树叶、塑料袋等。在游戏中，当幼儿对动作技能适应后，教师可巧妙地使用生活辅助材料来挖掘幼儿探索灵敏动作的潜力，使得游戏活动变得更加精彩。

案例一

这天，孩子们又玩平衡木游戏，发现平衡木上方约20厘米处有一条粗粗的麻绳，绳子横向搭在平衡木两旁的椅背上，拦住了孩子们的去路。教师惊诧地说："这里有一条'大蛇'拦住了去路，此刻'大蛇'正在睡觉，大家要小心通过，千万不要碰到它，否则就会被它咬。"说完，大家就开始想办法尝试了，有的侧身

走过平衡木，到了绳子前就把腿抬高，小心翼翼地迈过去。有的两人合作，相互扶着迈过绳子，安全通过。能力弱的幼儿，需要教师扶着才能迈过去。经过几次游戏后，幼儿都能熟练迈过。

可正当幼儿沉浸在成功的喜悦中时，教师却把绳子调高到了50厘米，增加了难度，幼儿们再次开动脑筋，认真调整自己的动作姿态，准备尝试新的挑战。只见，有些幼儿发现绳子抬高了，小腿迈不过，就像"小矮人"一样，蹲下来团起身体，低着头走过去。有些幼儿俯下身趴在平衡木上，采用手膝爬行或手脚爬行的动作钻过去。还有些幼儿像"蚯蚓"一般，全身趴在平衡木上，撑着身体向前滑去。有些胆大的幼儿仰面躺着，用腿蹬着平衡木向前滑动通过，好像在"仰泳"一般。

案例二

另一群幼儿也来玩平衡木游戏，这次教师说："从山上吹下来一根竹子，可能会向你们扫来，你们要灵活地躲开。"幼儿们开始走平衡木，于是，教师拿着一根长长的竹子向他们缓慢扫去，看他们如何躲避。一开始，教师先把竹子贴着平衡木移向幼儿，全部幼儿都能够认真地观察竹子的变化，轻巧地迈过竹子，动作灵敏而协调。接着，教师把竹子抬高一点，这时幼儿把腿抬高，稳稳地迈过去。然后，教师把竹子扫到幼儿腰部位置，幼儿也能机智地蹲下去，使自己不被竹子扫到。

短暂休息后，教师拿来了一些鞋盒、报纸、绳子等辅助材料，鼓励幼儿玩"过桥送礼物"的游戏。幼儿自选了辅助材料，开心地走上了平衡木，继续新的挑战。这次教师移动竹子的速度加快了，幼儿机警地观察场上变化，拿着鞋盒变换着动作，灵活地躲过竹子。后来，教师又鼓励幼儿结伴合作，拿着辅助材料过桥，如两人拿着摊开的报纸、拉着一条绳子、用报纸抬着一个鞋盒等，相互配合，躲开扫来的竹子，安全地过桥。

（三）巧用自制辅助材料进行互动，提升幼儿灵敏动作应变的能力

自制辅助材料多是由教师根据游戏情景的需要而自行制作的一种辅助道具，这类材料具有很强的互动性，同时也有较强的难度和挑战性。自制辅助材料的主要特点是操作方便、创意机巧，如套羊圈、大摆锤、小盾牌、马蜂窝等。在游戏中，当幼儿对某项动作技能逐渐掌握后，教师便可巧妙地使用自制辅助材料来发展幼儿的应变能力，并使幼儿的游戏体验变得更加惊喜、刺激。

案例一

（接前面例子）幼儿们的灵敏动作获得拓展之后，紧接着就要进入灵活应变的状态。这次，教师拿来了用长竹子、跳绳和泡沫棒特制的套圈，可以直接套向幼儿，幼儿们"惊恐万分"。教师站在凳子上，用竹子悬吊着套圈，想办法去套正在平衡木上行走的幼儿，他们一边走，一边想办法避开套圈，与教师斗智斗勇。幼儿走过平衡木的动作也越来越灵敏，有的加快脚步，有的左右闪躲，有的蹲下躲闪，

有的爬行，还有的甚至直接用手将套圈挥开。

教师发现很难套到幼儿，索性把竹子去掉，直接拿着套圈向幼儿抛去。幼儿见状更加兴奋，聚精会神，小心地应对。有个幼儿很机智，干脆低头趴卧在平衡木上向前移动，教师怎么也套不住他。

案例二

这次，教师将套圈换成了一个羊角球，用绳子绑好挂在竹子一头，像一个大摆锤。教师拿着大摆锤"拦"在平衡木中间位置，在平衡木上方左右摆动，大约有3秒的时间通过，不然就会被大摆锤撞下"河"去。

幼儿们个个摩拳擦掌，跃跃欲试。有个胆大的幼儿率先找准时机跑了过去，开心地喊着："耶！"其他幼儿也都大胆地参与进来。为了帮助幼儿寻找通过的节奏，教师也大声数着"1——2——3"，鼓励幼儿勇敢而快速地通过。开始时，有几个幼儿因判断不准确，被大摆锤撞到了，停玩了一次。越往后，教师摆动的速度越来越快，幼儿们的动作也越来越灵活，走平衡木的速度也越来越快。

七、园本教研管理策略为教师教学行动研究赋能

前期分析：行动研究是指教育工作者在实践中通过行动与研究的结合，创造性地运用教育理论去研究与解决不断变化的教育实践中的具体问题，从而提高教育教学质量以及自身专业水平的一种研究活动。笔者在担任幼儿园教研负责人期间，试图通过四个策略来提升教师行动研究的质量，主要针对以下问题来展开：一是教师主动教研的积极性不够，个人教学构建能力有待提升；二是教师在行动研究过程中，对于目标和步骤的把握不够精准和科学，需要一种更为简易有效的方法来协助；三是教师的专业成长和行动研究的有效开展，需要专家的引领和指导；四是教师迫切需要创新开展教研交流的新形式，以进一步推动深层次问题的解决。

基于以上问题，经过查阅相关文献并分析，获得以下几种理论参考：韩冰在《探讨如何在幼儿园管理工作中体现教师的主体地位》一文中提出，幼儿园教师是开展幼儿园管理工作的中心，其工作的创造性、积极性与主动性会对幼儿园构建园本课程工作质量产生直接的影响，所以充分彰显教师主体地位对幼儿园管理工作质量的提升至关重要。结合长期以来教研团队的实际表现，教师的主体地位会着重体现在"愉快和谐的研讨氛围和更多智慧表达的机会"两方面。高黎阳在《思维导图：改变幼儿前阅读低效之策略》一文中提出，思维导图作为一种整体思维工具，能将行动研究的每一环节的思考过程图示化，其明确性、层次性、整体性等三大特性加强了行动研究的速度、效度与深度。思维导图的运用，确实可以在"善于梳理、设计代替教研计划和构建系统实施步骤"三个方面提升教师行动研究效果。万丹在《江苏省幼儿园教研效益研究——基于三阶段DEA-Tobit模型》一文中提出，教研引领类型和常见教研组规模是影响教研质量的内因。首先要坚定教研目的、更

新教研视角、确立教研范式。其次要优化教研资源配置，建设幼教专家人才库。再者，完善教研组织管理有助于提升幼儿园教研的纯技术支持。正如文中所指出的，"确立教研目标和范式、优化资源配置、引入专家资源及完善教研管理的创新形式"有助于提升教师行动研究质量。笔者结合自身教研经验，在实践中通过以下四个策略来提升教师行动研究质量。

（一）提升教师主体地位，鼓励教师主动构建个人教学主张

在日常的教研活动中，教师的良好情绪来自其主体地位的形成，同时愉快和谐的研讨氛围能够保证教师沉浸其中。保证教师在愉快和谐的研讨中拥有更多智慧表达的机会，是提升教师主体地位，鼓励教师主动构建个人教学主张的一项重要举措。

1. 营造愉快和谐的研讨氛围

幼儿园应积极倡导健康、协调、可持续发展的和谐氛围。在教研管理中，主抓教研的园长或中层领导应亲切愉快地组织教师进行研讨，并有计划地营造愉快的教研氛围，将更多空间给予教师以自主抒发和表达。

在研讨过程中，教研组织者要严格遵循"目标明确，快乐参与，顺势梳理，承上启下，画龙点睛"五大原则，创造性地运用趣味融合的研磨方式来开展活动。此举旨能让教师在教研活动中产生愉悦的情绪，不断激发个体的主观能动性，从最初的思维开放的快乐探索，逐步转变为专注投入的研讨，最终能够完全沉浸在优质的教研氛围之中。

为营造愉悦和谐的研讨氛围，教研组织者首先借助一个热门话题或共同关注的问题作为开场，确保与会者能够带着问题参与交流。随后，教研组织者通过播放相关视频、展示图片等手段吸引与会者的注意力，以便集中讨论核心议题。紧接着，围绕核心议题，各小组开展讨论，并由一名代表发言，阐述小组成员的共识与建议。小组成员可适时提供补充意见。此过程旨在充分利用现场时间，深入探讨议题，并形成若干结论。最终，各小组将采用思维导图的形式，创造性地描绘出实施步骤、策略以及注意事项，并进行集体分享。在分享环节，小组成员可采用多种方式进行互动体验，包括但不限于小组成员的口头陈述、集体表演，引导其他小组成员参与学习或表演，甚至组织户外活动，对活动大环境进行改造的预设讲解。

2. 给予教师表达的机会

在以往的教研交流过程中，有的教研组织者常会以指导者的身份出现，又急于求成，常以命令式语调告诉教师应该做什么，不应该做什么。这样做往往会使部分教师产生逆反心理，也会使部分教师产生依赖心理，这两种现象都不利于教师去思考如何进行实践。而在实际交流活动中，每个教师都渴望成长，渴望同事理解自己的想法和见解。尊重教师并聆听教师的心声，引导教师反思自己的实践，就等于给

了教师一把开发自我潜能的钥匙。

教研活动组织者需重新审视其角色定位，强调教师作为主体参与研讨的重要性，并为教师提供更多的发言机会。笔者认为，每位教师首先应是一位真诚的倾听者，期望与他人进行真诚的交流。同时，每位教师也应成为教育研究活动的主导者，在倾听的同时对所发现的问题进行分析和反思，并在现场进行表达，分享自己所采取的措施和相关经验，以供同事参考。

在宽松愉悦的研讨氛围的研讨活动中，常可见教师与幼儿园管理者就某一问题积极表达各自见解，教师不再局限于以往的被动角色。在相互辩论的过程中，教师的思维变得更加开放，更易接纳不同的观点与声音，并开始对自身的实践进行批判性的反思。

（二）巧用思维导图，理清教研目标和教研步骤

"工欲善其事，必先利其器"，思维导图像一把利器，经过巧妙的使用，为教师教学活动研究理清了目标，规范了步骤，抓住了主要研究线索。教师可通过学习思维导图的制作，而具备了善于梳理和设计的能力，能够巧用思维导图代替个人的教研计划，较为系统、规范地构建实施步骤。

1.学习思维导图，善于梳理设计

思维导图又叫心智导图，是表达发散性思维的有效工具，它简单却又很有效，是一种实用性的思维工具。为提高教师日常教育行动研究的条理性和有效性，从而有条不紊地开展系统化的教育教学工作，教师要进行思维导图教研学习。

幼儿园应组织教师在日常的教研活动中了解什么是思维导图，讲解思维导图在运用中的注意事项及误区。通过案例分析、图片欣赏、讨论分析等多种方式让教师对思维导图有更加形象、直观的认识，使其在愉快的学习过程中感受思维导图的作用。教师学习并巧用思维导图能够帮助教师养成善于梳理、勤于设计的好习惯，做到事事有目标，日日有计划，时时有跟进，从而提升教学质量。

2.巧用思维导图，代替教研计划

思维导图清晰而且精确，能够让教师更准确地诊断行动研究中所遇到的具体问题，并根据问题层层剖析，直到找到问题的根源和解决地办法。在教研活动的初期，思维导图可以代替教师个人的教研计划，有助于教师清晰的表达，而不会由于发散性思维而忘却了研究的初心。笔者认为，这样做既去掉了繁琐的文字编辑工作，也去掉了很多重复而无用的程序要求，更加直接清晰地表达出行动研究过程中的具体内容和实施进度，能起到非常好的效果。

在教研计划的构建过程中思维导图应包含：一级标题，即行动研究的题目；二

级标题,即行动研究的理论基础,是研究目标、研究方法、研究内容、研究成果;三级标题,即具体实施内容和步骤;四级标题,即在实际教育行动中预设的主要方式、关键经验以及可操作性强的课程内容。

3. 巧用思维导图,构建实施步骤

经过前期的培训和研讨,教师基本可以熟练地使用思维导图来记录或规划实践中的各类工作,养成了勤思考、善规划的习惯,为日常有机会、系统地开展行动研究工作提供了有力的保障。在实施步骤中,问题会"一个生一个",而教师们的方法是"一个接一个",具体的步骤是"一环扣一环",反思与实践是"一次跟一次"。这样的过程充满了创新和应变的新鲜刺激,使得教师的教学经验和智慧犹如泉涌,获得了极大的满足感。

在构思行动研究的过程中,首先,园方要鼓励教师创新性地规划实施步骤,让其在实践中有较大的自由度和调整空间,使得预设环境随着生成的变化而不断调整和完善,教师要有随时做好调整的意识。其次鼓励教师在行动研究中做好应变的准备,而巧用思维导图便可以让教师更加轻松便捷地修改具体计划,做到时时修改、时时诊断,目标清晰,实施步骤和主线一目了然,更加高效地落实预设课程。最后,对行动所产生的实际效果进行评价,对幼儿的成长、环境的创设、一日活动的安排,以及教育策略的总结等均有清晰的收集与整理,进而优化成教育成果。

(三)融合教育专家资源,优化行动研究中的流程

规范化的行动研究及系统的研究流程都需要专家的引领。专家通过系统而专业的培训,能够帮助教师设计规范的行动方案,并通过一些案例带领大家"开阔眼界"。在行动研究过程中,专家进行现场的诊断和指导,可以不断优化行动研究方案,保证有效进行实践探索。

1. 专家系统培训,规范行动研究方案

专家的引领可对规范化的行动研究起到积极作用,能够保证教师团队的专业素养得到提升。引入专家资源,能够让教师了解更多相关的案例,在经验参考中获得一定的启发,从而探索出独特的行动方案。专家具有规范化的课程构建经验,能够诊断出教师在行动研究中的缺失,从而帮助教师构建规范化的行动方案。专家所具备的相关理论知识更全面,在专业领域的站位更高,对教师行动研究所产生的教育价值分析更透彻,问题诊断更加精准。

在指导教师设计规范化的行动研究方案过程中,首先,专家要指导教师如何制定研究目标,确定主要问题的内容,特别是在确定问题前期,要判断问题的特殊性和时效性,通过严谨的文献调查来对问题的价值导向、相关理论、经验参考或以问

卷、数据核查的形式进行了解，进一步规范目标制定的过程。接着，专家会指导教师分三轮有计划有步骤地进行规范化设计，每一轮都要按照行动研究的发展规律，以最初问题为导向，利用思维导图的脉络清晰的优点来推进实践方案规范化。最后，通过数据分析、调查问卷等形式验证行动研究方案的合理性和有效性，进一步总结行动研究中的教育经验，按规范化的文字描述，以提升行动研究方案的质量。

2. 专家点评指导，优化行动研究方案

专家在指导教师开展行动研究的过程中，帮助教师团队在三个阶段优化行动方案。第一阶段，专家在开展行动研究初期对教师进行专业培训，从行动研究的价值、规范做法、注意事项、案例分析等入手进行初始化的讲解和阐述。教师按专家的指导开展第一轮行动研究，并基于问题做好相关的教研记录。第二个阶段，专家在听取教师汇报后，对个别行动研究进度进行指导，并让教师集体讨论，解答教师所面临的问题，然后帮助其预设下一轮行动研究的关键点。第三个阶段，专家能够以点带面，从某一位教师的行动研究入手，分析其所遇的实际问题，从而有效地解决并检验行动研究的效果，指导教师进行数据分析、撰写相关论文等。

（四）创新开展教研交流，以点带面推进解决深层次问题

教研交流活动不是派任务，也不是一家之言，更不是专题培训。这里需要真诚的交流，以解决一些在实际教学中所遇到的问题，能以点带面地解决深层次问题。通过创新教研形式，有助于推进研讨氛围和谐发展，加深教研团队之间的密切交流。通过个人教育智慧的分享和交流，能够给予集体更多有效的参考，促使更多教育智慧生成，从而更加有效地解决问题。

1. 拓展创新形式，积极推进研讨

教研形式的创新拓展，能有效提升教研活动的活力，使得团队教研氛围"勃勃生机"。在积极推进有效教研活动的过程中，把握"快乐参与、记忆深刻、启发智慧、传承经典"的原则，打造健康智慧型的教研团队。

在教研形式上，开创"趣味融合式研磨"新模式，可融合画图、双方辩论、音乐情景、材料探索、动作拓展、分组合作等元素，营造集体快乐教研的氛围。

2. 启发团队智慧，以点带面研讨

由于幼儿园教师的能力有高有低，进步速度有快有慢，对行动研究中遇到的问题意识有强有弱。为此，幼儿园可成立"智慧小组"，采取以点带面的教研管理策略，推动教师团队整体教学能力的提升。"智慧小组"可由 2 或 3 名教师组成，打造为教师队伍中专业成长的榜样。这种榜样具有很强的感召力，能在教师中产生很大的冲击力，激发教师自我成长。

具体为：首先，在每个教研组、课题组中选择一些善于反思的教师作为"智慧小组"成员，在固定时间进行组内研讨和整理，在研讨中主要针对问题进行深入分析，并提出解决问题的策略，讨论完就进行梳理和汇总。接着，"智慧小组"可将整理好的材料发给教研组所有成员进行参考，全体成员进行实践，并及时反馈，"智慧小组"利用协同文档做好记录，继续跟进。最后，由"智慧小组"将行动计划以及经过几轮实践后的效果与在行动研究过程中所积累的经验向全园教师汇报。